René N'CHO

Les mystères du royaume de Dieu

René N'CHO

Les mystères du royaume de Dieu

Éditions Croix du Salut

Imprint

Cover image: www.ingimage.com

Publisher:
Éditions Croix du Salut
is a trademark of
Dodo Books Indian Ocean Ltd., member of the OmniScriptum S.R.L Publishing group
str. A.Russo 15, of. 61, Chisinau-2068, Republic of Moldova Europe
Printed at: see last page
ISBN: 978-620-3-84194-7

... Jésus leur répondit : Parce qu'il vous a été donné de connaître les mystères du royaume des cieux, et que cela ne leur a pas été donné.

Les mystères du Royaume de Dieu

Table des matières

Préface

Le sujet du royaume des cieux n'a jamais été aussi d'actualité que maintenant où nous nous approchons des temps de la fin. Il faut donc que les mystères qui le couvrent tombent les uns après les autres, jusqu'à ce que nous voyions tous la gloire à venir dans toute sa splendeur. Mais loin de nous plonger dans une contemplation béate, cette splendeur nous impose un questionnement sur notre état spirituel, ravive notre mémoire et nous fait découvrir certains avertissements du Seigneur Jésus sous un jour nouveau. Le sage saura en tirer profit.

Mais au-delà de tout, le royaume des cieux nous apparaîtra comme une notion infiniment plus concrète. Les concepts nébuleux feront place à de véritables certitudes tangibles. Désormais, le royaume des cieux fera partie de nous. Et nous, nous en ferons partie. Désormais, toutes les œuvres de nos mains se feront en fonction et pour le royaume des cieux. Dieu fasse que ce nouveau rayonnement nous puisse éclairer une multitude.

Cette nouvelle ferveur sera le résultat de la considération des enseignements de Jésus sous un nouvel angle. La dimension scientifique qui était sous le boisseau depuis toujours fera surface. L'astronomie aura une place de choix. La science sera pour nous un allié et non un adversaire.

Mais nous finirons par comprendre que, en fait, de mystère il n'y a pas ; que tout est question d'angle d'observation. Il suffisait d'avoir la bonne attitude, la juste compréhension des choses. C'est comme des spectateurs médusés à qui on explique pas à pas les phases complexes d'un tour de prestidigitation, et qui finissent par découvrir la simplicité enfantine des choses.

Levons la tête et considérons ce grand amour dont le créateur a fait preuve. Lui qui n'a pas voulu que nous soyons voués à la perdition éternelle et qui nous a lavés dans le sang de son fils unique afin que nous bénéficiions d'une nouvelle chance. L'aboutissement de ce salut, c'est le royaume des cieux.

N'CHO R. août 2021

I

Introduction

… Venez, vous qui êtes bénis de mon Père ; prenez possession du royaume qui vous a été préparé dès la fondation du monde.

Mat 25.34

Qu'est-ce que le royaume de Dieu ? Est-ce le Paradis, le ciel, la Nouvelle Jérusalem, un royaume particulier que Dieu construit à côté des anges, l'ensemble de ceux qui invoquent Dieu, l'ensemble des chrétiens ou l'armée des anges ?

S'il est une expression qui soit sujette à la méprise c'est bien *"le royaume de Dieu"*. Et pourtant ces mots revêtent une importance de premier rang, car ils évoquent la vie et l'espérance du chrétien. Jean-Baptiste y a consacré tout son ministère. Jésus y a consacré tout son ministère.

« Mais il leur dit : Il faut aussi que j'annonce aux autres villes la bonne nouvelle du royaume de Dieu ; car c'est pour cela que j'ai été envoyé. » ***(Luc 4 : 43)***

*« Ensuite, Jésus allait de ville en ville et de village en village, prêchant et annonçant la bonne nouvelle du royaume de Dieu. »****(Luc 8 : 1)***

Toutes les fois que Jésus prenait la parole, c'était pour parler du royaume, sauf si on l'interpelait sur autre chose. Ainsi le royaume de Dieu a couvert environ 90% de ses thèmes de prédication. Et pourtant de nos jours, nous avons des chrétiens qui sont sûrs de leur salut mais qui sont totalement ignorants de là où ils passeront l'éternité.

Aujourd'hui, le royaume de Dieu est présenté comme quelque chose de spirituel qui nous attend dans les cieux où nous vivrons en esprit et passerons toute l'éternité à adorer Dieu. Et cette adoration est supposée être notre seule occupation. Déjà l'idée même que l'adoration soit notre seule occupation fait frémir certains qui craignent une effroyable monotonie. Pourtant dans le nouveau testament, les choses n'étaient pas présentées de cette façon. Cette notion était plutôt liée à la restauration du royaume d'Israël.

Pour les juifs, Dieu interviendrait par le biais d'un messie pour délivrer tout Israël de la domination des forces étrangères afin d'établir un puissant royaume terrestre qu'il dirigerait. A l'époque de Jésus, l'empire romain était cette puissance dominatrice qui avait soumis le pays. C'était une très grosse humiliation pour les juifs, car Israël est une terre sainte et par conséquent, il n'est pas admissible qu'elle soit foulée au pied par une puissance étrangère. Double humiliation en fait, car Israël prône le Dieu tout-puissant ; or le fait qu'une nation étrangère soutenue par des dieux étrangers réussisse à les soumettre peut remettre en cause toute leur croyance, même s'ils savaient que la désobéissance pouvait entraîner cette infortune. En conséquence, des mouvements patriotiques ont tenté, par des actions répétées, de briser le joug impérialiste, et particulièrement celui de l'empire romain par la révolte des armes. Mais ces efforts ont abouti à des échecs. Les membres d'un de ces groupes s'appelaient zélotes. L'un d'eux faisait partie des douze apôtres, son nom était Simon.

Ainsi, pour le juif, le fait que Dieu intervienne lui-même pour délivrer Israël et établir un royaume fort, dont Jérusalem serait la capitale, n'est pas quelque chose qui doit se dérouler dans les cieux, mais bien sur terre. Et ce royaume, ils le conçoivent comme étant le royaume de Dieu. Pour eux, c'était quelque chose de si concret que les saducéens ne croyaient pas à la résurrection. Pour ceux-ci, point de résurrection, point d'esprit ; tout devait se dérouler sur terre, toute la destinée d'Israël, avec toutes les grandes promesses que Dieu lui a faites. A plusieurs reprises, les juifs ont assimilé Jésus à ce sujet, pensant que c'était lui qui serait l'instrument de cette délivrance.

« Nous espérions que ce serait lui qui délivrerait Israël ; mais avec tout cela, voici le troisième jour que ces choses se sont passées. » ***(Luc 24 : 21)***

« Alors les apôtres réunis lui demandèrent : Seigneur, est-ce en ce temps que tu rétabliras le royaume d'Israël ? » ***(Act. 1 : 6)***

« Ces gens, ayant vu le miracle que Jésus avait fait, disaient : Celui-ci est vraiment le prophète qui doit venir dans le monde. Et Jésus, sachant qu'ils allaient venir l'enlever pour le faire roi, se retira de nouveau sur la montagne, lui seul. » ***(Jn 6 : 14-15)***

« Les pharisiens demandèrent à Jésus quand viendrait le royaume de Dieu. Il leur répondit : Le royaume de Dieu ne vient pas de manière à frapper les regards. » ***(Luc 17 : 20)***

Toute la hardiesse de Jean-Baptiste reposait sur la sécurité qu'il voyait en le messie Jésus. Il pouvait par conséquent oser les déclarations les plus risquées. Mais quand il fut emprisonné pour ses critiques et qu'il ne vit pas de réaction de la part de Jésus, des doutes l'envahirent. Les bruits des miracles que le Christ faisait ne le rassurèrent guère. Il attendait autre chose :

« Jean, ayant entendu parler dans sa prison des œuvres du Christ, lui fit dire par ses disciples :
Es-tu celui qui doit venir, ou devons-nous en attendre un autre ? » ***(Mat 11 : 2-3)***

Cependant, ce n'était pas encore le moment pour ce royaume de paraître. Car il était encore naissant et trop frêle. Il fallait qu'il attende les siècles à venir, le temps de se former et de se raffermir.
C'est pour cela que lorsque Jésus a été capturé au jardin pour être conduit au supplice, il dit ce qui suit :

*« **Mon royaume** n'est pas de ce monde, répondit Jésus. Si mon royaume était de ce monde, mes serviteurs auraient combattu pour moi afin que je ne fusse pas livré aux Juifs ; mais maintenant mon royaume n'est point d'ici-bas. »* ***(Jn 18 : 36)***

Pourtant, Jésus n'avait cessé de ne prêcher que ce royaume. Et quand il envoyait ses disciples, il leur prescrivait de délivrer ce même message.

*« Allez, prêchez, et dites : **Le royaume des cieux** est proche. »* ***(Mat. 10 : 7)***

*« Il les envoya prêcher **le royaume de Dieu**, et guérir les malades. »* ***(Luc 9 : 2)***

Après lui, les apôtres ont continué à prêcher le même message.

*« Mais, quand ils eurent cru à Philippe, qui leur annonçait la bonne nouvelle **du royaume de Dieu** et du nom de Jésus Christ, hommes et femmes se firent baptiser. »* ***(Act. 8 : 12)***

« Ils lui fixèrent un jour, et plusieurs vinrent le trouver dans son logis. Paul leur annonça ***le royaume de Dieu****, en rendant témoignage, et en cherchant, par la loi de Moïse et par les prophètes, à les persuader de ce qui concerne Jésus. »* ***(Act. 28 : 23)***

Mais aujourd'hui, la prédication du royaume a disparu des sermons. On ne sait plus ce que c'est. Même dans les écoles théologiques, on peut constater cette lacune. Mais comme le royaume de Dieu est le thème central du nouveau testament, il faut que le chrétien recadre ses enseignements et ses connaissances sur ce sujet afin d'être en phase avec la Bible, les apôtres, Jésus et Dieu lui-même.

Si cette ignorance doit être imputée au fait que les prédicateurs s'y soient peu intéressés. On notera aussi qu'une confusion peut se constater dans les écritures mêmes. En effet, la Bible emploie indifféremment deux expressions pour désigner la même chose :

- royaume de Dieu
- royaume des cieux

Dans l'exemple qui suit, ces deux expressions ont désigné la même chose.

« Il leur dit cette autre parabole : ***Le royaume des cieux*** *est semblable à du levain qu'une femme a pris et mis dans trois mesures de farine, jusqu'à ce que la pâte soit toute levée. »*[1]
(Mat. 13 : 33)

« Il dit encore : A quoi comparerai-je ***le royaume de Dieu****?*
Il est semblable à du levain qu'une femme a pris et mis dans trois mesures de farine, pour faire lever toute la pâte. »
(Luc 13 : 20 - 21)

Ensuite l'autre difficulté vient du fait que le royaume de Dieu traverse des époques et des milieux différents depuis sa création jusqu'à son état définitif. Ce qui peut pousser à lui attribuer plusieurs identités.

[1] Ces deux passages sont issus d'un même discours de Jésus sur une série de paraboles qu'il a données au sujet du royaume de Dieu.

II

Ce qu'est le royaume de Dieu

Le royaume des cieux est semblable à un grain de sénevé qu'un homme a pris et semé dans son champ.

Matthieu 13 . 31 - 32

La notion de l'existence après la mort a toujours été associée à un lieu où vont les âmes. Pour certains, l'âme renaît sur cette même terre. Pour d'autres elle va dans un lieu de repos qui ne se trouve pas ici-bas. Pour d'autres encore, les morts vont dans le royaume de Dieu et y passeront l'éternité. Cependant, bien que cela puisse surprendre, selon la bible le royaume de Dieu, ce n'est ni la vie éternelle, ni le ciel. On constate qu'il y a là une grosse méprise sur la nature même de la chose. La suite de cet ouvrage nous montre que cette erreur pourrait avoir un impact sur la vie quotidienne du chrétien à qui pourraient échapper des dispositions pratiques et vitales.

Les prophètes d'Israël ont prêché la résurrection qui aboutit à la vie éternelle. C'est ce que certaines religions du monde enseignent aussi. Mais le royaume de Dieu est un véritable royaume qui va régner sur la terre et dans le nouveau monde que Dieu va créer. Ses membres sont les futurs grands de ce monde et seront appelés à jouer un rôle capital dans la destinée de l'humanité. Il a été annoncé et prédit pour la première fois par Daniel au travers d'un songe de Nébucadnetsar, roi de Babylone.

> *« Dans le temps de ces rois,* ***le Dieu des cieux suscitera un royaume*** *qui ne sera jamais détruit, et qui ne passera point sous la domination d'un autre peuple ; il brisera et anéantira tous ces royaumes-là, et lui-même subsistera éternellement.*
> *C'est ce qu'indique la pierre que tu as vue se détacher de la montagne sans le secours d'aucune main, et qui a brisé le fer, l'airain, l'argile, l'argent et l'or. »* [2] ***(Dan. 2 : 44 - 45)***

Ce songe présente ce royaume comme faisant partie de deux mondes : le terrestre *(Dans le temps de ces rois...)* et l'éternel *(...subsistera éternellement)*. C'est la sécrète arme divine de la fin des temps pour dégager tous les royaumes et toutes les nations afin d'établir le règne de l'Eternel sur la terre. Ainsi sera accomplie la prière de Jésus : *« ... que ta volonté soit faite sur la terre comme au ciel »*. C'est Jésus qui est venu sur terre, en plus de s'offrir lui-même en sacrifice, pour bâtir ce royaume. Il en a posé les fondements par le biais de Jean le baptiste, et y a **insufflé son esprit**. Ainsi, de même qu'un grain de semence mis en terre pousse de lui-même, de même ce royaume grandit de lui-même et poussera jusqu'à détrôner les nations de ce monde pour s'imposer comme la seule puissance planétaire. Il se constitue progressivement de tous ceux qui acceptent et retiennent le message de Jésus. Le nombre de ces individus va en grossissant jusqu'à ce qu'un jour, ils couvrent toute la planète et que par une action du Dieu des cieux, ils prennent le contrôle de toute la terre.

> *« Il dit encore : Il en est du royaume de Dieu comme quand un homme jette de la semence en terre ; qu'il dorme ou qu'il veille, nuit et jour, la semence germe et croît sans qu'il sache comment.*
> *La terre produit d'elle-même, d'abord l'herbe, puis l'épi, puis le grain tout formé dans l'épi ;*
> *Et, dès que le fruit est mûr, on y met la faucille, car la moisson est là. »*
> ***(Mar. 4 : 26 - 29)***
> *« Il leur proposa une autre parabole, et il dit : Le royaume des cieux est semblable à un grain de sénevé qu'un homme a pris et semé dans son champ.*
> *C'est la plus petite de toutes les semences ; mais, quand il a poussé, il est plus grand que les légumes et devient un arbre, de sorte que les oiseaux du ciel viennent habiter dans ses branches. »*
> ***(Mat. 13 : 31 - 32)***

[2] C'est un extrait du songe de l'empereur de Babylone, Nebucadnetsar, dans lequel il a vu un colosse à la tête d'or, aux bras et à la poitrine d'argent, au ventre et aux cuisses d'airain (bronze), aux jambes et aux pieds de fer mêlé d'argile. Les différentes parties de cette statue représentent les grandes civilisations qui domineront le monde à tour de rôle jusqu'à ce que le royaume de Dieu vienne tout balayer pour s'installer avec puissance.

Le songe de Nébucadnetsar contient, comme on peut s'en douter, des clés pour comprendre les évènements de la fin temps. Mais les choses ne sont pas simples car diverses interprétations se rivalisent dans les écoles théologiques. Nébucadnetsar fit un songe qui le troubla profondément. Voulant en comprendre la signification, il fit appel à ses devins mais ceux-ci ne parvinrent pas à lui donner l'interprétation. Furieux, il décida de les mettre à mort. C'est alors qu'intervint Daniel qui se proposa de fournir au roi l'interprétation de son rêve. Il n'est pas inutile de s'attarder sur ce précieux songe :

« O roi, tu regardais, et tu voyais une grande statue ; cette statue était immense, et d'une splendeur extraordinaire ; elle était debout devant toi, et son aspect était terrible. La tête de cette statue était d'or pur ; sa poitrine et ses bras étaient d'argent ; son ventre et ses cuisses étaient d'airain ; ses jambes, de fer ; ses pieds, en partie de fer et en partie d'argile.

Tu regardais, lorsqu'une pierre se détacha sans le secours d'aucune main, frappa les pieds de fer et d'argile de la statue, et les mit en pièces.

Alors le fer, l'argile, l'airain, l'argent et l'or, furent brisés ensemble, et devinrent comme la balle qui s'échappe d'une aire en été ; le vent les emporta, et nulle trace n'en fut retrouvée. Mais la pierre qui avait frappé la statue devint une grande montagne, et remplit toute la terre.

Voilà le songe. Nous en donnerons l'explication devant le roi. O roi, tu es le roi des rois, car le Dieu des cieux t'a donné l'empire, la puissance, la force et la gloire ; il a remis entre tes mains, en quelque lieu qu'ils habitent, les enfants des hommes, les bêtes des champs et les oiseaux du ciel, et il t'a fait dominer sur eux tous : c'est toi qui es la tête d'or.

Après toi, il s'élèvera un autre royaume, moindre que le tien ; puis un troisième royaume, qui sera d'airain, et qui dominera sur toute la terre. Il y aura un quatrième royaume, fort comme du fer ; de même que le fer brise et rompt tout, il brisera et rompra tout, comme le fer qui met tout en pièces. Et comme tu as vu les pieds et les orteils en partie d'argile de potier et en partie de fer, ce royaume sera divisé ; mais il y aura en lui quelque chose de la force du fer, parce que tu as vu le fer mêlé avec l'argile. Et comme les doigts des pieds étaient en partie de fer et en partie d'argile, ce royaume sera en partie fort et en partie fragile.

Tu as vu le fer mêlé avec l'argile, parce qu'ils se mêleront par des alliances humaines ; mais ils ne seront point unis l'un à l'autre, de même que le fer ne s'allie point avec l'argile.

Dans le temps de ces rois, le Dieu des cieux suscitera un royaume qui ne sera jamais détruit, et qui ne passera point sous la domination d'un autre peuple ; il brisera et anéantira tous ces royaumes-là, et lui-même subsistera éternellement.

C'est ce qu'indique la pierre que tu as vue se détacher de la montagne sans le secours d'aucune main, et qui a brisé le fer, l'airain, l'argile, l'argent et l'or. Le grand Dieu a fait connaître au roi ce qui doit arriver après cela. Le songe est véritable, et son explication est certaine. » ***(Dan. 2 : 31 - 45)***

Dans le songe de Nébucadnetsar, seul un royaume a été nommé. Il s'agit de la tête d'or qui a été identifié comme le royaume de Nébucadnetsar, donc Babylone. Les autres royaumes n'ont pas été nommés. Un deuxième songe vient compléter celui-ci. Cette fois-ci il été fait non par Nébucadnetsar mais par Daniel lui-même. Il attribue à chaque royaume **un animal caractéristique** :

« Daniel commença et dit : Je regardais pendant ma vision nocturne, et voici, les quatre vents des cieux firent irruption sur la grande mer.

Et quatre grands animaux sortirent de la mer, différents l'uns de l'autre.

Le premier était semblable à un lion, et avait des ailes d'aigles ; je regardai, jusqu'au moment où ses ailes furent arrachées ; il fut enlevé de terre et mis debout sur ses pieds comme un homme, et un cœur d'homme lui fut donné.

Et voici, un second animal était semblable à un ours, et se tenait sur un côté ; il avait trois côtes dans la gueule entre les dents, et on lui disait : Lève-toi, mange beaucoup de chair.

Après cela je regardai, et voici, un autre était semblable à un léopard, et avait sur le dos quatre ailes comme un oiseau ; cet animal avait quatre têtes, et la domination lui fut donnée.

Après cela, je regardai pendant mes visions nocturnes, et voici, il y avait un quatrième animal, terrible, épouvantable et extraordinairement fort ; il avait de grandes dents de fer, il mangeait, brisait, et il foulait aux pieds ce qui restait ; il était différent de tous les animaux précédents, et il avait dix cornes. » ***(Dan. 7 : 2 - 7)***

Par ce songe, on sait quels animaux sont associés aux royaumes du songe de Nébucadnetsar, mais **pas leurs noms**. On sait seulement, par le premier songe, que le premier animal, le lion représente Babylon. Fort heureusement, Daniel eu une vision qui vient jeter une lumière nouvelle sur les précédentes et qui permettra d'identifier les autres royaumes.

« Lorsque j'eus cette vision, il me sembla que j'étais à Suse, la capitale, dans la province d'Élam ; et pendant ma vision, je me trouvais près du fleuve d'Ulaï. Je levai les yeux, je regardai, et voici, un bélier se tenait devant le fleuve, et il avait des cornes ; ces cornes étaient hautes, mais l'une était plus haute que l'autre, et elle s'éleva la dernière.

Je vis le bélier qui frappait de ses cornes à l'occident, au septentrion et au midi ; aucun animal ne pouvait lui résister, et il n'y avait personne pour délivrer ses victimes ; il faisait ce qu'il voulait, et il devint puissant. Comme je regardais attentivement, voici, un bouc venait de l'occident, et parcourait toute la terre à sa surface, sans la toucher ; ce bouc avait une grande corne entre les yeux.

Il arriva jusqu'au bélier qui avait des cornes, et que j'avais vu se tenant devant le fleuve, et il courut sur lui dans toute sa fureur. Je le vis qui s'approchait du bélier et s'irritait contre lui ; il frappa le bélier et lui brisa les deux cornes, sans que le bélier eût la force de lui résister ; il le jeta par terre et le foula, et il n'y eut personne pour délivrer le bélier.

Le bouc devint très puissant ; mais lorsqu'il fut puissant, sa grande corne se brisa. Quatre grandes cornes s'élevèrent pour la remplacer, aux quatre vents des cieux. De l'une d'elles sortit une petite corne, qui s'agrandit beaucoup vers le midi, vers l'orient, et vers le plus beau des pays.

Elle s'éleva jusqu'à l'armée des cieux, elle fit tomber à terre une partie de cette armée et des étoiles, et elle les foula. Elle s'éleva jusqu'au chef de l'armée, lui enleva le sacrifice perpétuel, et renversa le lieu de son sanctuaire.

L'armée fut livrée avec le sacrifice perpétuel, à cause du péché ; la corne jeta la vérité par terre, et réussit dans ses entreprises. J'entendis parler un saint ; et un autre saint dit à celui qui parlait : Pendant combien de temps s'accomplira la vision sur le sacrifice perpétuel et sur le péché dévastateur ? Jusques à quand le sanctuaire et l'armée seront-ils foulés ?

...

Puis il me dit : Je vais t'apprendre, ce qui arrivera au terme de la colère, car il y a un temps marqué pour la fin. ***Le bélier que tu as vu, et qui avait des cornes, ce sont les rois des Mèdes et des Perses. Le bouc, c'est le roi de Javan, La grande corne entre ses yeux, c'est le premier roi.***

Les quatre cornes qui se sont élevées pour remplacer cette corne brisée, ce sont quatre royaumes qui s'élèveront de cette nation, mais qui n'auront pas autant de force. A la fin de leur domination, lorsque les pécheurs seront consumés, il s'élèvera un roi impudent et artificieux.

Sa puissance s'accroîtra, mais non par sa propre force ; il fera d'incroyables ravages, il réussira dans ses entreprises, il détruira les puissants et le peuple des saints. A cause de sa prospérité et du succès de ses ruses, il aura de l'arrogance dans le cœur, il fera périr beaucoup d'hommes qui vivaient paisiblement, et il s'élèvera contre le chef des chefs ; mais il sera brisé, sans l'effort d'aucune main. Et la vision des soirs et des matins, dont il s'agit, est véritable. Pour toi, tiens secrète cette vision, car elle se rapporte à des temps éloignés. » ***(Dan. 8 : 2 - 26)***

Ces visions nous permettent de connaître aisément les trois premiers royaumes du songe de Nébucadnetsar :

1er : Babylone représenté par un lion
2e : Mèdes et Perses représentés par un ours
3e : Javan (Grèce) représenté par un léopard
4e : ???
L'identité des trois premiers royaumes est claire pour tous. Mais au sujet du quatrième, les divergences se signalent.

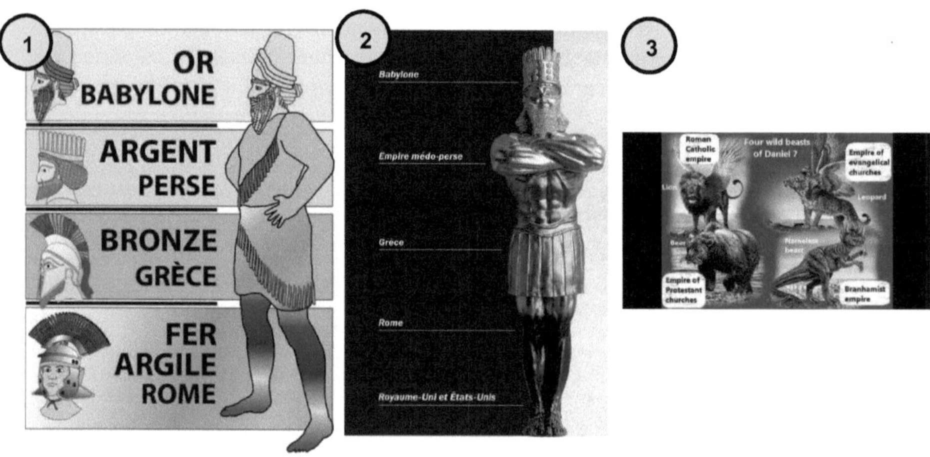

Pour le schéma 1, le quatrième empire c'est l'empire romain, avec pour inconvénient majeur le fait que l'empire romain a pris fin il y a plus de 1500 ans. Pour le schéma 2, le quatrième empire est aussi l'empire romain. Le hic, c'est l'ajout d'un cinquième alors que la Bible ne parle que de quatre : l'association Royaume-Uni, Etats-Unis. Le schéma 3 quant à lui est totalement différent. Il ne suit même pas les identifications comme présentées dans le livre de Daniel.

Une autre approche existe mais elle n'a jamais été exploitée ni présentée. Pourtant elle présente une redoutable cohérence. La clé se trouve dans ce verset :

> *« Le bouc devint très puissant ; mais lorsqu'il fut puissant, sa grande corne se brisa. Quatre grandes cornes s'élevèrent pour la remplacer, aux quatre vents des cieux.* ***De l'une d'elles sortit une petite corne,*** *qui s'agrandit beaucoup vers le midi, vers l'orient, et vers le plus beau des pays.*
> *Elle s'éleva jusqu'à l'armée des cieux, elle fit tomber à terre une partie de cette armée et des étoiles, et elle les foula.* ***Elle s'éleva jusqu'au chef de l'armée, lui enleva le sacrifice perpétuel, et renversa le lieu de son sanctuaire.*** *»*

Le royaume qui enleva le sacrifice perpétuel à Israël et détruisit son sanctuaire, c'est l'empire romain, en l'an 70. Or ce passage, au verset 9, nous fait savoir que cet empire est un démembrement du royaume de Java (Grèce). L'empire romain n'est donc pas présenté dans ces passages comme étant le quatrième empire mais comme le prolongement de la Grèce. C'est une vision tout-à-fait particulière si en s'en tient au fait que l'empire d'Alexandre s'est étendu essentiellement en orient et très peu en zone occidentale de la méditerranée. Cependant, le grand rayonnement de la Grèce a si profondément cette région qu'on pourrait dire qu'elle y a toujours été fortement présente. A cela, il faut ajouter que beaucoup de villes en Italie étaient des colonies grecques comme Néapolis (Naples). De là à dire que la Grèce s'est régénérée sous la forme de l'empire romain, il n'y a qu'un pas.

Ainsi, l'identité du quatrième empire va être dévoilée dans Apocalypse 13 :

> *« Et il se tint sur le sable de la mer. Puis je vis monter de la mer une bête qui avait dix cornes et sept têtes, et sur ses cornes dix diadèmes, et sur ses têtes des noms de blasphème.*
> *La bête que je vis était semblable à un léopard ; ses pieds étaient comme ceux d'un ours, et sa gueule comme une gueule de lion. Le dragon lui donna sa puissance, et son trône, et une grande autorité. »* ***(Apo. 13 : 1 - 2)***

Selon Apocalypse, la quatrième bête monte de la mer, comme dans Daniel 7. Et elle est constituée des trois premières bêtes. Une vraie monstruosité de la nature ! C'est de toute évidence la raison pour laquelle Daniel dans son chapitre 7 n'a pas pu l'identifier. Il n'y a, en effet, pas de nom pour désigner une telle bête. L'arithmétique nous donnera ceci :

4e bête = 1ère bête + 2e bête + 3e bête

Ceci est tout-à-fait conforme à la vision de Nébucadnetsar qui présente le quatrième royaume comme étant un conglomérat :

> *« Tu as vu le fer mêlé avec l'argile, parce qu'ils se mêleront par des alliances humaines ; mais ils ne seront point unis l'un à l'autre, de même que le fer ne s'allie point avec l'argile. »*

En clair, cette quatrième bête sera l'association de Babylone (Irak), des Mèdes et des Perses (Iran) et de Javan (la Grèce et ses démembrements). La Grèce et ses démembrements c'est la civilisation occidentale. Cette bête aura l'aspect de la civilisation occidentale, selon le livre de l'Apocalypse : *« La bête que je vis était semblable à un léopard (Javan) »*
Cela veut dire que la civilisation occidentale sera le fer de lance, le corps de cette bête, tandis que les autres bêtes viendront se greffer à elle. Les choses sont en train de se mettre en place. Avec la chute de Saddam Hussein, les occidentaux ont la main mise sur l'Irak. Les dissensions actuelles entre les occidentaux et l'Iran finiront certainement par un

bouleversement dans ce pays qui finira par être un allié sûr des occidentaux. Alors la Grande Bête sera entièrement constituée.

Par ailleurs, il faut vigoureusement souligner que depuis Nébucadnetsar, la Grande Bête n'a jamais cessé d'exister sur terre. Son existence est assurée par la succession temporelle des bêtes qui la constituent. La toute dernière bête élémentaire fut Javan qui s'est désintégré en quatre parties. Une de ses parties survit aujourd'hui, par l'empire romain qui s'est mué en la civilisation occidentale qui, à son tour, va jouer un rôle funeste dans les évènements eschatologiques.

III

La naissance du Royaume de Dieu

> *« Le royaume de Dieu ne vient pas de manière à frapper les regards.*
> *On ne dira point : Il est ici, ou : Il est là. Car voici, le royaume de Dieu est au milieu de vous. »*
>
> **Luc 17 : 20 - 21**

C'est Jean-Baptiste qui en a posé la première pierre. C'est l'unique sujet de sa prédication.

« En ce temps-là parut Jean-Baptiste, prêchant dans le désert de Judée.
Il disait : Repentez-vous, car le royaume des cieux est proche. »
Matthieu 3 : 1 - 2
« La loi et les prophètes ont subsisté jusqu'à Jean ; depuis lors, le royaume de Dieu est annoncé, et chacun use de violence pour y entrer. » [3] ***(Luc 16 : 16)***

Les candidats à ce royaume venaient confesser leurs péchés à Jean et se faisaient baptiser tout en ne sachant pas quand les choses allaient se concrétiser :

« Les habitants de Jérusalem, de toute la Judée et de tout le pays des environs du Jourdain, se rendaient auprès de lui ;
Et, confessant leurs péchés, ils se faisaient baptiser par lui dans le fleuve du Jourdain. »
(Mat. 3 : 5)

Ce rituel du baptême, figé dans les dogmes du christianisme, résume à lui seul tout le processus du salut : la renonciation au péché, l'absolution, ainsi donc que le passage de la mort à la vie. L'eau vive en amont lave le néophyte de toutes ses iniquités et les entraîne très loin en aval, les dispersant dans les flots, dans l'oubli du temps. L'immersion dans l'eau symbolise l'acceptation par le nouveau chrétien de mourir au péché. L'émersion de l'eau représente le résultat final de la repentance qui conduit au pardon des péchés : l'absolution totale, et aussi la résurrection. Ainsi les membres du royaume des cieux sont des gens lavés et purs de tout péché, des hommes désormais irrépréhensibles.

Tout Israël attendait ce royaume mais lorsqu'il vint, personne ne le sut, car il est apparu de manière imperceptible, avec le ministère de Jésus. Ils le voyaient sans savoir qu'ils avaient auprès d'eux quelque chose de grandiose :

« Les pharisiens demandèrent à Jésus quand viendrait le royaume de Dieu. Il leur répondit : Le royaume de Dieu ne vient pas de manière à frapper les regards.
On ne dira point : Il est ici, ou : Il est là. Car voici, le royaume de Dieu est au milieu de vous. »[4]
(Luc 17 : 20 - 21)

Comment entre-t-on dans le royaume de Dieu ? La nouvelle naissance en est l'unique porte. *« Jésus lui répondit : En vérité, en vérité, je te le dis, si un homme ne naît de nouveau, il ne peut voir le royaume de Dieu. »*[5] ***Jean 3 : 3***. Jésus, qui a prêché la nouvelle naissance, en a moissonné les premiers membres. Et malgré sa naissance discrète, le royaume de Dieu s'est affermi rapidement, grâce à l'arrivée du Saint-Esprit qui lui a communiqué une grande

[3] Jésus divise ici les époques en deux grandes parties : celle d'avant Jean-Baptiste et celle qui commence avec sa prédication et qui marque le début du royaume de Dieu.

[4] On note ici que même les pharisiens attendaient avec ferveur le royaume de Dieu, mais ils ne savaient ni quand ni comment il apparaîtrait.

[5] Il faut voir dans ce discours, la prédication d'une nouvelle doctrine. Pour avoir la vie éternelle, il fallait observer la loi, selon ce que les prophètes avaient prêché, mais pour entrer dans le royaume de Dieu, il faut naître de nouveau. Deux voies différentes, deux objets différents. Les prédications de l'apôtre Paul nous apprennent que c'est par la grâce, au moyen de la foi que nous y entrons (Ephésiens 2 : 8). Il était prévu que les juifs fassent la transition pour entrer dans la nouvelle grâce avec Jésus mais ils sont restés attachés à leurs anciennes pratiques : *« Jérusalem, Jérusalem, qui tues les prophètes et qui lapides ceux qui te sont envoyés, combien de fois ai-je voulu rassembler tes enfants, comme une poule rassemble ses poussins sous ses ailes, et vous ne l'avez pas voulu ! »* ***Matthieu 23 : 37***

puissance : *« Il leur dit encore : Je vous le dis en vérité, quelques-uns de ceux qui sont ici ne mourront point, qu'ils n'aient vu le royaume de Dieu venir avec puissance. »* ***Marc 9 : 1****.* En effet, à la pentecôte qui suivit, le Saint-Esprit descendit avec puissance sur les disciples. Dieu voulait faire quelque chose de nouveau, car la première alliance avait été insatisfaisante. Les israélites ne s'étant pas souciés de se conformer aux ordonnances de Dieu. Avec l'alliance nouvelle, Il voulait créer **une nouvelle race d'hommes**. Pour la première fois, l'Esprit de Dieu habiterait le corps de l'homme, le rendant ainsi capable de communiquer aussi avec le monde spirituel, et même de s'y rendre.

> *« Je connais un homme en Christ, qui fut, il y a quatorze ans, ravi jusqu'au troisième ciel (si ce fut dans son corps je ne sais, si ce fut hors de son corps je ne sais, Dieu le sait).*
> *Et je sais que cet homme (si ce fut dans son corps ou sans son corps je ne sais, Dieu le sait)*
> *fut enlevé dans le paradis, et qu'il entendit des paroles ineffables qu'il n'est pas permis à un homme d'exprimer. »* ***(2Cor. 12 : 2 - 4)***

Ce nouveau type d'hommes expérimenterait des facultés surnaturelles et connaitrait de manière intuitive la pensée de Dieu.

> *« Car c'est avec l'expression d'un blâme que le Seigneur dit à Israël : Voici, les jours viennent, dit le Seigneur, Où je ferai avec la maison d'Israël et la maison de Juda Une alliance nouvelle,*
> *Non comme l'alliance que je traitai avec leurs pères, Le jour où je les saisis par la main pour les faire sortir du pays d'Égypte ; Car ils n'ont pas persévéré dans mon alliance, Et moi aussi je ne me suis pas soucié d'eux, dit le Seigneur.*
> *Mais voici l'alliance que je ferai avec la maison d'Israël, Après ces jours-là, dit le Seigneur : Je mettrai mes lois dans leur esprit, Je les écrirai dans leur cœur ; Et je serai leur Dieu, Et ils seront mon peuple.*
> *Aucun n'enseignera plus son concitoyen, Ni aucun son frère, en disant : Connais le Seigneur ! Car tous me connaîtront, Depuis le plus petit jusqu'au plus grand d'entre eux ; Parce que je pardonnerai leurs iniquités, Et que je ne me souviendrai plus de leurs péchés. »* ***(Héb. 8 : 8 -12)***

> *« Voici les miracles qui accompagneront ceux qui auront cru : en mon nom, ils chasseront les démons ; ils parleront de nouvelles langues ;*
> *Ils saisiront des serpents ; s'ils boivent quelque breuvage mortel, il ne leur feront point de mal ; ils imposeront les mains aux malades, et les malades seront guéris.»* ***(Mar. 16 : 17-18)***

> *« Or, à chacun la manifestation de l'Esprit est donnée pour l'utilité commune.*
> *En effet, à l'un est donnée par l'Esprit une parole de sagesse ; à un autre, une parole de connaissance, selon le même Esprit ; à un autre, la foi, par le même Esprit ; à un autre, le don des guérisons, par le même Esprit ; à un autre, le don d'opérer des miracles ; à un autre, la prophétie ; à un autre, le discernement des esprits ; à un autre, la diversité des langues ; à un autre, l'interprétation des langues.*
> *Un seul et même Esprit opère toutes ces choses, les distribuant à chacun en particulier comme il veut. »* ***(1Cor. 12 : 7-11)***

Mais à cette nouvelle race, une nouvelle mission a été assignée. Celle de constituer une nation nouvelle avec des prétentions de domination sur toute la planète.

> *« ... tu as racheté pour Dieu par ton sang des hommes de toute tribu, de toute langue, de tout peuple, et de toute nation ;*
> *Tu as fait d'eux un royaume et des sacrificateurs pour notre Dieu, et ils régneront sur la terre. »* ***(Apo. 5 : 9-10)***

Ceux qui appartiennent au royaume de Dieu sont ainsi les plus grands parmi toute la création de Dieu. En effet, Jésus nous informe que Jean-Baptiste est le plus grand parmi les hommes depuis Adam jusqu'alors. Il est donc plus grand que le roi David, le roi Salomon, Eli, Enoch, Joseph, Daniel, et même Abraham et tous les patriarches. Moïse ni aucun des souverains sacrificateurs ne sont son égal. Pourtant, le plus petit dans le royaume de Dieu est plus grand que lui. Ça voudrait dire que vous et moi qui sommes nés de nouveau sommes plus grands que lui, et par conséquent plus grands que tous ceux qui viennent d'être cités.[6]

> *« Je vous le dis, parmi ceux qui sont nés de femmes, il n'y en a point de plus grand que Jean. Cependant, le plus petit dans le royaume de Dieu est plus grand que lui. »*[7]
> ***(Luc 7 : 28)***

Mais un jour, vraisemblablement dans la phase finale de croissance du royaume, ceux qui ont jadis placé leur confiance dans le Christ avant qu'il ne naisse rejoindront le royaume de Dieu.

> *« En lui nous*[8] *sommes aussi devenus héritiers, ayant été prédestinés suivant la résolution de celui qui opère toutes choses d'après le conseil de sa volonté,*
> *Afin que nous servions à la louange de sa gloire, nous qui d'avance avons espéré en Christ. »* ***(Eph. 1 : 11-12)***

Ainsi avant le retour de Jésus, le royaume de Dieu va connaître deux phases :

1- sa naissance au temps de Jésus
2- sa croissance et son affermissement qui ont été rendu possibles grâce à la réception de la puissance de l'Esprit de Dieu à la pentecôte.

Cette deuxième phase va aboutir au retour de Jésus qui établira son règne sur terre

---

[6] Les preuves de ce statut résident dans les privilèges que Dieu nous a accordés : en effet, à nous la grâce a été donnée de guérir les malades, de chasser les démons, de parler les langues des hommes et des anges, de faire des miracles divers. Tout ce que nous lions sur la terre est lié dans les cieux, et tout ce que nous délions sur la terre est délié dans les cieux. On a reçu la promesse que rien ne nous serait refusé si nous priions au nom de Jésus dans la foi. Aucun peuple n'a jamais reçu pareilles prérogatives.

[7] Ici encore, Jésus parle de la division des époques en deux parties : celle d'avant et celle d'après Jean.

[8] Il s'agit ici des juifs. Ils ont espéré en Christ des siècles avant sa naissance. Ils rejoindront le royaume, devenant ainsi héritiers. De ce nombre sont Abraham, Moïse, David etc. Jésus fait allusion à cela en disant : *« Or, je vous déclare que plusieurs viendront de l'orient et de l'occident, et seront à table avec Abraham, Isaac et Jacob, dans le royaume des cieux. » (Mat 8: 11)*

IV

Le millenium

« Mais les ténèbres ne régneront pas toujours Sur la terre où il y a maintenant des angoisses : Si les temps passés ont couvert d'opprobre Le pays de Zabulon et le pays de Nephthali, Les temps à venir couvriront de gloire La contrée voisine de la mer, au-delà du Jourdain, Le territoire des Gentils. »

Esa 9.1 (8.23)

Ce Jésus que nous attendons depuis 2000 ans reviendra un jour comme il l'a promis. Sa venue est soumise à un certain protocole dans le monde spirituel : il doit avant tout être couronné. Il disait jadis que son royaume n'était pas de ce monde. Mais ce ne sera pas toujours ainsi, car il est allé se faire investir pour revenir. Il l'a déclaré dans cette parabole :

> *« Il dit donc : Un homme de* ***haute naissance*** *s'en alla dans un* ***pays lointain****, pour se faire* ***investir*** *de l'autorité royale, et* ***revenir ensuite****.*
> ...
> *Mais ses concitoyens le haïssaient, et ils envoyèrent une ambassade après lui, pour dire : Nous ne voulons pas que cet homme règne sur nous.*
> *Lorsqu'il fut de retour, après avoir été investi de l'autorité royale, il fit appeler auprès de lui les serviteurs auxquels il avait donné l'argent, afin de connaître comment chacun l'avait fait valoir.*
> ...
> *Au reste, amenez ici mes ennemis, qui n'ont pas voulu que je régnasse sur eux, et tuez-les en ma présence. »* ***(Luc 19:12 -27)***

Ce passage met en lumière toute la haine que des gens vouent à Jésus, et l'opposition qu'ils lui manifesteront à son retour. Sa réaction contre ces personnes sera donc sans équivoque : une suite de représailles. Il sera malgré tout investi.

> *« Je regardai pendant mes visions nocturnes, et voici, sur les nuées des cieux arriva quelqu'un de semblable à un fils de l'homme ; il s'avança vers l'ancien des jours, et on le fit approcher de lui.*
> *On lui donna la domination, la gloire et le règne ; et tous les peuples, les nations, et les hommes de toutes langues le servirent. Sa domination est une domination éternelle qui ne passera point, et son règne ne sera jamais détruit. »* ***(Dan 7:13-14)***

Il reviendra régner sur terre malgré l'opposition des dominateurs de ce monde qui lui réserveront une guerre à dimension planétaire, quand ils le verront venir des cieux. Car il viendra de la même manière qu'il est parti.

> *« ... et dirent : Hommes Galiléens, pourquoi vous arrêtez-vous à regarder au ciel? Ce Jésus, qui a été enlevé au ciel du milieu de vous,* ***viendra de la même manière que vous l'avez vu allant au ciel****. »* ***(Act. 1:11)***

Il est parti par la voie aérienne, il reviendra par la voie aérienne. Il est monté très haut dans le firmament jusqu'à ce que les nuées le voilent, il reviendra de très loin, du firmament. Il viendra avec un grand cortège d'anges qui descendra du ciel comme le font les créatures volantes, ou comme on le voit dans les films d'aliens. De même que l'antichrist rassemblera les siens contre l'arrivée du Christ, de même le Christ rassemblera les siens autour de lui lors de son avènement. Les morts en Christ sortiront de leurs tombeaux et seront élevés dans les airs à sa rencontre. Les chrétiens encore vivants seront transformés et, en un clin d'œil, seront élevés dans les airs à sa rencontre. **C'est la première résurrection.** Ce sera un évènement sans précédent. La terre en sera bouleversée. C'est à la vue de cette descente que les dominateurs de ce monde lâcheront contre lui leurs armes les plus sophistiquées.

> *« Puis je vis le ciel ouvert, et voici, parut un cheval blanc. Celui qui le montait s'appelle Fidèle et Véritable, et il juge et combat avec justice.*
> *Ses yeux étaient comme une flamme de feu ; sur sa tête étaient plusieurs diadèmes ; il avait un nom écrit, que personne ne connaît, si ce n'est lui-même ;*
> *Et il était revêtu d'un vêtement teint de sang. Son nom est la Parole de Dieu.*
> *Les armées qui sont dans le ciel le suivaient sur des chevaux blancs, revêtues d'un fin lin, blanc, pur.*

De sa bouche sortait une épée aiguë, pour frapper les nations ; il les paîtra avec une verge de fer ; et il foulera la cuve du vin de l'ardente colère du Dieu tout puissant.
Il avait sur son vêtement et sur sa cuisse un nom écrit : Roi des rois et Seigneur des seigneurs. » ***(Apo. 19:11-16)***

« Et je vis la bête, et les rois de la terre, et leurs armées rassemblés pour faire la guerre à celui qui était assis sur le cheval et à son armée.
Et la bête fut prise, et avec elle le faux prophète, qui avait fait devant elle les prodiges par lesquels il avait séduit ceux qui avaient pris la marque de la bête et adoré son image. Ils furent tous les deux jetés vivants dans l'étang ardent de feu et de soufre.
Et les autres furent tués par l'épée qui sortait de la bouche de celui qui était assis sur le cheval ; et tous les oiseaux se rassasièrent de leur chair. » ***(Apo. 19:19-21)***

C'est donc par un passage en force que notre Seigneur viendra s'installer. Aucune institution internationale, aucune ambassade ne lui déroulera un tapis rouge. Il n'y aura donc pas de comité d'accueil. L'affrontement sera inévitable, mais les sujets de Satan n'auront pas le dessus. Cependant, sous son règne, la terre va entrer dans une grande période de paix et de prospérité. Et le royaume de Dieu va entrer dans une autre phase de son existence. Il ne se contentera plus de jouer seulement des rôles religieux aux contours diffus mais il va posséder une puissance inattendue grâce à laquelle il anéantira toutes les autres religions, ainsi que toutes les institutions et organisations aussi bien nationales qu'internationales afin de s'imposer sur toute la face de la terre comme la seule organisation qui doive diriger la destinée des hommes.

« L'Éternel sera terrible contre eux, Car il anéantira tous les dieux de la terre ; Et chacun se prosternera devant lui dans son pays, Dans toutes les îles des nations. » ***(Sop. 2 : 11)***

On notera avec étonnement que malgré le retour éclatant de Jésus, il existera un nombre considérable de personnes qui ne se sentiront pas obligés de lui confier leurs vies ; des athées en quelque sorte. Pas vraiment, car l'athéisme sera un non-sens après l'arrivée corporelle du Christ sur la terre. Ceux donc qui ne se lieront pas à Jésus seront les adeptes de Satan, les partisans de la bête vaincue. C'est eux qui animeront la dernière révolte contre Dieu et son Christ. Dieu usera systématiquement de représailles contre tous ceux qui ne se plieront pas à son règne.

« Tous ceux qui resteront de toutes les nations venues contre Jérusalem monteront chaque année Pour se prosterner devant le roi, l'Éternel des armées, Et pour célébrer la fête des tabernacles.
S'il y a des familles de la terre qui ne montent pas à Jérusalem Pour se prosterner devant le roi, l'Éternel des armées, La pluie ne tombera pas sur elles.
Si la famille d'Égypte ne monte pas, si elle ne vient pas, La pluie ne tombera pas sur elle ; Elle sera frappée de la plaie dont l'Éternel frappera les nations Qui ne monteront pas pour célébrer la fête des tabernacles. » ***(Zac. 14 : 16-18)***

Jésus viendra donc régner sur la terre, et Jérusalem sera sa capitale. Israël sera rétabli et retrouvera toutes ses terres. Ce sera la première fois où cette nation entrera en possession de tous les territoires qui lui ont été promis depuis Moïse. Car ni Josué, ni David, ni Salomon, ni aucun autre souverain Israélite n'ont réussi à étendre les frontières d'Israël aux limites prévues par Dieu.

« L'Éternel sera roi de toute la terre ; En ce jour-là, l'Éternel sera le seul Éternel, Et son nom sera le seul nom.

Tout le pays deviendra comme la plaine, de Guéba à Rimmon, Au midi de Jérusalem ; Et Jérusalem sera élevée et restera à sa place, Depuis la porte de Benjamin jusqu'au lieu de la première porte, Jusqu'à la porte des angles, Et depuis la tour de Hananeel jusqu'aux pressoirs du roi.
On habitera dans son sein, et il n'y aura plus d'interdit ; Jérusalem sera en sécurité. »
(Zac. 14 : 9)

Israël reconnaîtra enfin Jésus comme son messie et pourra ainsi entrer dans le royaume de Dieu. Alors ce qu'a enseigné Paul sur Israël sera accompli. Il n'y aura plus alors ni grec ni juif mais un seul peuple uni à Dieu.

« Alors je répandrai sur la maison de David et sur les habitants de Jérusalem Un esprit de grâce et de supplication, Et ils tourneront les regards vers moi, celui qu'ils ont percé. Ils pleureront sur lui comme on pleure sur un fils unique, Ils pleureront amèrement sur lui comme on pleure sur un premier-né.
En ce jour-là, le deuil sera grand à Jérusalem, Comme le deuil d'Hadadrimmon dans la vallée de Meguiddon. Le pays sera dans le deuil, chaque famille séparément : La famille de la maison de David séparément, et les femmes à part ; La famille de la maison de Nathan séparément, et les femmes à part ;
La famille de la maison de Lévi séparément, et les femmes à part ; La famille de Schimeï séparément, et les femmes à part ; Toutes les autres familles, chaque famille séparément, Et les femmes à part. »
(Zac. 12 : 10-14)[9]

« Je dis donc : Est-ce pour tomber qu'ils ont bronché? Loin de là ! Mais, par leur chute, le salut est devenu accessible aux païens, afin qu'ils fussent excités à la jalousie.
Or, si leur chute a été la richesse du monde, et leur amoindrissement la richesse des païens, combien plus en sera-t-il ainsi quand ils se convertiront tous. »
(Rom. 11 : 11)

Le temple de Jérusalem sera rebâti. Et l'on viendra de partout le monde pour adorer l'Eternel. Cela peut paraître surprenant de voir le temple cohabiter avec le Christ Jésus. Car il est dit qu'il a tout accompli pour notre salut une fois pour toutes. C'est donc à raison que cet édifice peut paraître superflu et hors de son temps. Mais quand on considère le plan de Dieu dans son ensemble, on peut mieux comprendre : le temple de Jérusalem et la loi mosaïque sont une ombre des biens à venir. Ils étaient l'image du véritable. Ce qui veut dire que le véritable viendra un jour, mais ce ne sera plus pour offrir le sang des boucs et des taureaux, ce qui n'a plus son sens. Son fonctionnement sera certainement semblable au temple du ciel qui est encore en activité et dont le livre de l'Apocalypse nous parle. Nous serons dans une nouvelle ère religieuse, peut-être une nouvelle alliance. Et ce sont les fils du royaume qui en joueront les premiers rôles. L'apocalypse ne nous parle-t-il pas d'un évangile éternel qui sera annoncé à la fin des temps ?

Jésus n'anéantira pas tout le reste de l'humanité pour n'épargner que les chrétiens. Il n'est pas un tyran pour éliminer tous ceux qui le rejettent. Il ne les forcera donc pas à l'adorer. Mais il sera implacable et intransigeant vis-à-vis de ses commandements. Ce sera une période de paix comme la terre n'en a jamais connu. La population de ce royaume se verra gonflée par l'arrivée des chrétiens ressuscités qui en faisaient déjà partie et qui se sont endormis dans l'attente de ces évènements.

« Et je vis des trônes ; et à ceux qui s'y assirent fut donné le pouvoir de juger. Et je vis les âmes de ceux qui avaient été décapités à cause du témoignage de Jésus et à cause de la parole de Dieu, et de ceux qui n'avaient pas adoré la bête ni son image, et qui n'avaient pas reçu la marque sur leur front et sur leur main. Ils revinrent à la vie, et ils régnèrent avec Christ pendant mille ans. » ***(Apo. 20 : 4)***

---

[9] Ce passage est un extrait du récit du retour de Jésus. Il est profitable de lire le passage en entier pour avoir une vue plus complète des événements.

« Car le Seigneur lui-même, à un signal donné, à la voix d'un archange, et au son de la trompette de Dieu, descendra du ciel, et les morts en Christ ressusciteront premièrement.» ***(1Th. 4 : 16)***

Cette époque sera vraiment étrange. Les mortels cohabiteront avec des immortels, Ceux qui n'ont pas accepté Jésus avant son avènement resteront parfaitement mortels, mais les chrétiens restés fidèles et qui auront vécu le retour de Jésus seront transformés et auront des corps glorieux sur lesquels la mort n'aura plus aucun pouvoir.

« Voici, je vous dis un mystère : nous ne mourrons pas tous, mais tous nous serons changés, en un instant, en un clin d'œil, à la dernière trompette. La trompette sonnera, et les morts ressusciteront incorruptibles, et nous, nous serons changés. Car il faut que ce corps corruptible revête l'incorruptibilité, et que ce corps mortel revête l'immortalité. Lorsque ce corps corruptible aura revêtu l'incorruptibilité, et que ce corps mortel aura revêtu l'immortalité, alors s'accomplira la parole qui est écrite : La mort a été engloutie dans la victoire. O mort, où est ta victoire ? O mort, où est ton aiguillon ? » ***(1Cor. 15 : 51-55)***

Le plus choquant sera la résurrection des chrétiens de tous les âges. Ceux dont la mort sera récente pourront retourner chez eux et habiter avec les leurs. Que ce choc sera grand ! Mais pour les morts plus anciennes, il va falloir trouver un logis. Retrouveront-ils leur descendance à ce moment ? Nul ne peut le dire actuellement.

Des concepts philosophico-religieux seront totalement bouleversés. Les théories sur la réincarnation s'évanouiront. Les espoirs des raéliens et de tous ceux qui considèrent les extraterrestres comme étant les créateurs des hommes seront ruinés. Le New Age et le Nouvel Ordre Mondial seront sans suite et passeront aux oubliettes. Le Papauté sera abolie. Le Dalaï Lama sera détrôné et n'aura plus de successeur. Mais les plus grandes lamentations viendront de l'orient, du côté des mahométans qui suivent les enseignements stériles de leur prophète. Ils auront à gérer l'une des plus grandes désillusions quand ils s'apercevront qu'ils avaient mis tout leur espoir sur une voie sans issue, sans Dieu. Heureusement que Jésus se présentera à eux avec un cœur compatissant ; ce qui sera pour eux un grand réconfort. Mais heureux dès à présent ceux d'entre eux qui comprennent et qui se tournent vers Jésus pour lui confier leurs vies.

A ce moment-là, le royaume de Dieu connaîtra une gloire sans précédent, car tous ceux qui détruisent ce monde seront mis hors d'état de nuire. Les présidents d'institutions internationales, de banques internationales, les chefs d'état, les élus municipaux qui travaillent pour les loges sataniques seront pour la plupart exterminés. Les grands conspirateurs qui, actuellement, provoquent des conflits et des crises de toutes sortes dans le monde seront exterminés. Tous les grands mystiques qui œuvrent à l'avènement de l'antéchrist seront exterminés. Tous les grands manipulateurs, les experts en désinformation qui mènent la terre à la perdition seront exterminés.

« Et les vingt-quatre vieillards, qui étaient assis devant Dieu sur leurs trônes, se prosternèrent sur leurs faces, et ils adorèrent Dieu, en disant : Nous te rendons grâces, Seigneur Dieu tout puissant, qui es, et qui étais, de ce que car tu as saisi ta grande puissance et pris possession de ton règne. Les nations se sont irritées ; et ta colère est venue, et le temps est venu de juger les morts, de récompenser tes serviteurs les prophètes, les saints et ceux qui craignent ton nom, les petits et les grands, et de ***détruire ceux qui détruisent la terre.*** *»* ***(Apo. 11 : 16-18)***

Après qu'ils auront été fortement ébranlés, les Etats conserveront une certaine autonomie. Et le Christ ne s'impliquera pas dans la gestion quotidienne de leurs activités. Ceux-ci pourront organiser à leur guise leurs administrations et particulièrement leurs armées dont ils se serviront pour la dernière révolte.

> *« Je regardai alors, à cause des paroles arrogantes que prononçait la corne ; et tandis que je regardais, l'animal fut tué, et son corps fut anéanti, livré au feu pour être brûlé. Les autres animaux furent dépouillés de leur puissance,* ***mais une prolongation de vie leur fut accordée jusqu'à un certain temps****. »* ***(Dan. 7 : 11-12)***

L'animal qui fut tué, c'est la Bête, c'est-à-dire le système international de domination. Les autres animaux, ce sont les nations constituant cette organisation. Elles conserveront leur autonomie pour un temps donné.

Après ces évènements, il y aura des postes à pourvoir. Et ce sont les enfants du royaume qui régneront. Ils seront à la tête d'organisations nationales et internationales. C'est eux qui décideront du devenir du monde. L'humanité entrera dans une nouvelle ère. Il ne s'agira pas du New Age ou du Nouvel Ordre Mondial[10] qui sont une aspiration de l'ensemble des mystiques, des satanistes et des dominateurs de ce monde mais plutôt de la démonstration de la manière dont Dieu veut que le monde soit conduit. Dans le passage qui suit, Dieu encourage ses serviteurs à persévérer dans la justice et ne pas se laisser abattre par les succès des méchants. Il leur annonce qu'il a fixé un temps où les choses changeront, où les méchants ne prospéreront plus et où seuls les justes seront élevés. Et ce temps, c'est justement quand le Christ viendra régner sur terre.

> *« Vos paroles sont rudes contre moi, dit l'Éternel. Et vous dites : Qu'avons-nous dit contre toi ?*
> *Vous avez dit : C'est en vain que l'on sert Dieu ; Qu'avons-nous gagné à observer ses préceptes, Et à marcher avec tristesse A cause de l'Éternel des armées ?*
> *Maintenant nous estimons heureux les hautains ; Oui, les méchants prospèrent ; Oui, ils tentent Dieu, et ils échappent !*
> *Alors ceux qui craignent l'Éternel se parlèrent l'un à l'autre ; L'Éternel fut attentif, et il écouta ; Et un livre de souvenir fut écrit devant lui Pour ceux qui craignent l'Éternel Et qui honorent son nom.*
> *Ils seront à moi, dit l'Éternel des armées, Ils m'appartiendront,* ***au jour que je prépare*** *; J'aurai compassion d'eux, Comme un homme a compassion de son fils qui le sert.*
> ***Et vous verrez de nouveau la différence Entre le juste et le méchant, Entre celui qui sert Dieu Et celui qui ne le sert pas.***
>
> *Car voici, le jour vient, Ardent comme une fournaise.* ***Tous les hautains et tous les méchants seront comme du chaume ; Le jour qui vient les embrasera, Dit l'Éternel des armées, Il ne leur laissera ni racine ni rameau.***
> *Mais pour vous qui craignez mon nom, se lèvera Le soleil de la justice, Et la guérison sera sous ses ailes ;*
> *Vous sortirez, et vous sauterez comme les veaux d'une étable,*
> *Et vous foulerez les méchants, Car ils seront comme de la cendre sous la plante de vos pieds, Au jour que je prépare, Dit l'Éternel des armées. »*
> ***(Mal. 3 : 13 - Mal. 4 : 3)***

Le règne des enfants de Dieu ne sera pas semblable à celui des impies, mais fera connaître un essor sans précédent à la terre. Les enfants de Dieu bâtiront une civilisation d'un éclat éblouissant. Les sumériens, les akkadiens et les babyloniens, les égyptiens, les aztèques, les mayas et les incas, les grecs et les romains seront vus comme des peuplades vis-à-vis de ce que feront les enfants de Dieu. Même la civilisation occidentale, avec ses grandes réalisations technologiques qui nous éblouissent tant, sera vue comme les balbutiements de la science. Cette exceptionnelle performance sera rendue possible grâce à trois facteurs conjugués :

- la présence de Jésus dans toute sa gloire et sur cette terre
- les grandes percées scientifiques

[10] Lire une note à ce sujet dans l'annexe

- la piété des citoyens

Comme résultats, nous aurons entre autres une immense longévité. La mort existera encore, puisque le dernier jugement ne sera pas encore arrivé.

« Réjouissez-vous plutôt et soyez à toujours dans l'allégresse, A cause de ce que je vais créer ; Car je vais créer Jérusalem pour l'allégresse, Et son peuple pour la joie.
Je ferai de Jérusalem mon allégresse, Et de mon peuple ma joie ; On n'y entendra plus Le bruit des pleurs et le bruit des cris.
Il n'y aura plus ni enfants ni vieillards Qui n'accomplissent leurs jours ; Car celui qui mourra à cent ans sera jeune, Et le pécheur âgé de cent ans sera maudit.
Ils bâtiront des maisons et les habiteront ; Ils planteront des vignes et en mangeront le fruit.
Ils ne bâtiront pas des maisons pour qu'un autre les habite, Ils ne planteront pas des vignes pour qu'un autre en mange le fruit ; Car les jours de mon peuple seront comme les jours des arbres, Et mes élus jouiront de l'œuvre de leurs mains.
Ils ne travailleront pas en vain, Et ils n'auront pas des enfants pour les voir périr ; Car ils formeront une race bénie de l'Éternel, Et leurs enfants seront avec eux.
Avant qu'ils m'invoquent, je répondrai ; Avant qu'ils aient cessé de parler, j'exaucerai. »[11]
(Esa. 65 : 18 - 24)

En ce qui concerne les postes à pourvoir, le Christ procédera par récompenses selon l'œuvre de chacun. L'élément déterminent sera, comme le fait savoir le passage qui suit, la compétence. Parce que les compétences que nous avons aujourd'hui sont un don de Dieu dont nous rendrons compte au temps fixé. Si nous accroissons ces compétences, nous serons encore plus aptes à assumer les rôles du siècle à venir. Mais qu'est-ce que Dieu nous confiera si nous ne savons absolument rien faire ou si nous sommes négligents ? C'est pour cela que chacun doit s'efforcer d'exceller dans ce qu'il fait.

« Il en sera comme d'un homme qui, partant pour un voyage, appela ses serviteurs, et leur remit ses biens.
Il donna cinq talents à l'un, deux à l'autre, et un au troisième, à chacun selon sa capacité, et il partit.
Aussitôt celui qui avait reçu les cinq talents s'en alla, les fit valoir, et il gagna cinq autres talents.
De même, celui qui avait reçu les deux talents en gagna deux autres.
Celui qui n'en avait reçu qu'un alla faire un creux dans la terre, et cacha l'argent de son maître.
Longtemps après, le maître de ces serviteurs revint, et leur fit rendre compte.
Celui qui avait reçu les cinq talents s'approcha, en apportant cinq autres talents, et il dit : Seigneur, tu m'as remis cinq talents ; voici, j'en ai gagné cinq autres.
Son maître lui dit : C'est bien, bon et fidèle serviteur ; tu as été fidèle en peu de chose, je te confierai beaucoup ; entre dans la joie de ton maître.
Celui qui avait reçu les deux talents s'approcha aussi, et il dit : Seigneur, tu m'as remis deux talents ; voici, j'en ai gagné deux autres.
Son maître lui dit : C'est bien, bon et fidèle serviteur ; tu as été fidèle en peu de chose, je te confierai beaucoup ; entre dans la joie de ton maître.
Celui qui n'avait reçu qu'un talent s'approcha ensuite, et il dit : Seigneur, je savais que tu es un homme dur, qui moissonnes où tu n'as pas semé, et qui amasses où tu n'as pas vanné ;
J'ai eu peur, et je suis allé cacher ton talent dans la terre ; voici, prends ce qui est à toi.
Son maître lui répondit : Serviteur méchant et paresseux, tu savais que je moissonne où je n'ai pas semé, et que j'amasse où je n'ai pas vanné ;
il te fallait donc remettre mon argent aux banquiers, et, à mon retour, j'aurais retiré ce qui est à moi avec un intérêt.
Otez-lui donc le talent, et donnez-le à celui qui a les dix talents.
Car on donnera à celui qui a, et il sera dans l'abondance, mais à celui qui n'a pas on ôtera même ce qu'il a.
Et le serviteur inutile, jetez-le dans les ténèbres du dehors, où il y aura des pleurs et des grincements de dents. » ***(Mat 25 : 14-30)***

---

[11] Ce passage se rapporte à deux époques différentes : le millénium et l'éternité. Le verset 20 ressort les aspects du millénium tandis que le verset 17 ceux de l'éternité. Il s'agit donc ici d'une prophétie qui s'accomplira en deux temps.

L'amour du prochain sera aussi un critère déterminant. C'est pour cela qu'il nous faut aujourd'hui être plus attentionnés envers notre frère, notre ami, notre voisin. Nous devons être promptes à secourir et ne jamais nous détourner de notre semblable. Cela veut dire que les attitudes de méfiance, d'exclusion ne doivent pas faire partie de notre vie.

« Lorsque le Fils de l'homme viendra dans sa gloire, avec tous les anges, il s'assiéra sur le trône de sa gloire.
Toutes les nations seront assemblées devant lui. Il séparera les uns d'avec les autres, comme le berger sépare les brebis d'avec les boucs ;
Et il mettra les brebis à sa droite, et les boucs à sa gauche.
Alors le roi dira à ceux qui seront à sa droite : Venez, vous qui êtes bénis de mon Père ; ***prenez possession du royaume*** *qui vous a été préparé dès la fondation du monde.*
Car j'ai eu faim, et vous m'avez donné à manger ; j'ai eu soif, et vous m'avez donné à boire ; j'étais étranger, et vous m'avez recueilli ;
J'étais nu, et vous m'avez vêtu ; j'étais malade, et vous m'avez visité ; j'étais en prison, et vous êtes venus vers moi.
Les justes lui répondront : Seigneur, quand t'avons-nous vu avoir faim, et t'avons-nous donné à manger ; ou avoir soif, et t'avons-nous donné à boire ?
Quand t'avons-nous vu étranger, et t'avons-nous recueilli ; ou nu, et t'avons-nous vêtu ?
Quand t'avons-nous vu malade, ou en prison, et sommes-nous allés vers toi ?
Et le roi leur répondra : Je vous le dis en vérité, toutes les fois que vous avez fait ces choses à l'un de ces plus petits de mes frères, c'est à moi que vous les avez faites.
Ensuite il dira à ceux qui seront à sa gauche : Retirez-vous de moi, maudits ; allez dans le feu éternel qui a été préparé pour le diable et pour ses anges.
Car j'ai eu faim, et vous ne m'avez pas donné à manger ; j'ai eu soif, et vous ne m'avez pas donné à boire ;
J'étais étranger, et vous ne m'avez pas recueilli ; j'étais nu, et vous ne m'avez pas vêtu ; j'étais malade et en prison, et vous ne m'avez pas visité.
Ils répondront aussi : Seigneur, quand t'avons-nous vu ayant faim, ou ayant soif, ou étranger, ou nu, ou malade, ou en prison, et ne t'avons-nous pas assisté ?
Et il leur répondra : Je vous le dis en vérité, toutes les fois que vous n'avez pas fait ces choses à l'un de ces plus petits, c'est à moi que vous ne les avez pas faites. »[12]
(Mat. 25 : 31 - 45)

[12] Ce passage est consacré en plus grande partie au retour corporel de Jésus mais aussi fait une réminiscence sur le dernier jugement au verset 41.

V

L'éternité

« Il n'y aura plus de nuit ; et ils n'auront besoin ni de lampe ni de lumière, parce que le Seigneur Dieu les éclairera. Et ils régneront aux siècles des siècles. »

Apo. 22.5

La période de l'éternité est le point de chute, la destinée finale du royaume de Dieu. Le règne de Jésus sur la terre aura une fin. L'apocalypse nous parle de mille ans. Mais l'expression "mille ans" peut cacher la notion d'un long règne, bien supérieur à cette durée. Un petit calcul. Dans l'ancien testament, l'expression une semaine correspond à une durée de sept ans ; soit un jour pour un an. Cela fera 365 000 ans si nous adoptons cette arithmétique. Vertigineux ! Ce chiffre est bien-entendu le résultat de conjectures et ne saurait prétendre à la vérité absolue mais possède l'avantage de présenter d'autres éventualités plausibles sur la durée effective du millénium. Malgré tout, cette ère aura une fin, et sera marquée par une immense guerre, une révolte générale pilotée par Satan qui sera relâché de l'abîme. Il viendra mobiliser tous ceux qui lui appartiennent et qui n'ont jamais fait sincèrement allégeance à Jésus. Il les rassemblera des quatre coins de la terre. C'est la guerre de Gog et Magog. C'est une grande multitude qui se mobilisera pour investir la ville sainte. Mais ils seront détruits sans aucun combat, car un feu descendra du ciel et les consumera tous un seul instant.

> *« Quand les mille ans seront accomplis, Satan sera relâché de sa prison.*
> *Et il sortira pour séduire les nations qui sont aux quatre coins de la terre, Gog et Magog, afin de les rassembler pour la guerre ; leur nombre est comme le sable de la mer.*
> *Et ils montèrent sur la surface de la terre, et ils investirent le camp des saints et la ville bien-aimée. Mais un feu descendit du ciel, et les dévora.*
> *Et le diable, qui les séduisait, fut jeté dans l'étang de feu et de soufre, où sont la bête et le faux prophète. Et ils seront tourmentés jour et nuit, aux siècles des siècles.»* ***(Apo. 20 : 7-10)***

Avec l'expression *« leur nombre est comme le sable de la mer »*, on peut noter avec étonnement que Jésus ne fera toujours pas l'unanimité, même au temps du millenium où sa majesté éclatera, au temps où les preuves de sa divinité feront partie du quotidien de chaque habitant de la planète. Car la première résurrection aura eu lieu, les chrétiens morts depuis le premier siècle jusqu'alors, rendus à la vie, habiteront avec eux. On en vient finalement à se demander quels genres d'humains sont ces personnes qui vouent sans condition leurs âmes à Satan. Avec ces choses, certaines paroles du Christ reflètent une effroyable réalité :

> *« Il répondit : Celui qui sème la bonne semence, c'est le Fils de l'homme ; le champ, c'est le monde ; la bonne semence, ce sont les fils du royaume ; l'ivraie, ce sont* ***les fils du malin*** *; »* ***(Mat. 13 : 37-38)***

Que cache l'expression « fils du malin » ?

Après ces choses, surviendra le dernier jugement. C'est l'évènement le plus redouté des hommes. Dieu jugera tous les actes des hommes, et nul ne saura son sort à l'avance. A cette occasion, tous les morts ressusciteront et se tiendront devant le trône blanc. C'est la seconde résurrection. Ceux qui auront fait le mal seront jetés dans l'étang ardent de feu et de souffre mais les justes hériteront de la vie éternelle. Ce sera un temps très terrifiant pour ceux qui y seront soumis.

> *« Et si le juste se sauve avec peine, que deviendront l'impie et le pécheur ? »* ***(1Pi. 4 : 18)***

> *« Puis je vis un grand trône blanc, et celui qui était assis dessus. La terre et le ciel s'enfuirent devant sa face, et il ne fut plus trouvé de place pour eux.*
> *Et je vis les morts, les grands et les petits, qui se tenaient devant le trône. Des livres furent ouverts. Et un autre livre fut ouvert, celui qui est le livre de vie. Et les morts furent jugés selon leurs œuvres, d'après ce qui était écrit dans ces livres. »* ***(Apo. 20 : 11-12)***

« ... En ce temps-là, ceux de ton peuple qui seront trouvés inscrits dans le livre seront sauvés.
Plusieurs de ceux qui dorment dans la poussière de la terre se réveilleront, les uns pour la vie éternelle, et les autres pour l'opprobre, pour la honte éternelle. » ***(Dan. 12 : 1-2)***

La bonne nouvelle, c'est que tous ceux qui ont accepté Jésus dans leur vie ne seront pas appelés à ce jugement. Ils en sont épargnés dès le jour où ils ont décidé de se repentir pour marcher en nouveauté de vie.

« En vérité, en vérité, je vous le dis, celui qui écoute ma parole, et qui croit à celui qui m'a envoyé, a la vie éternelle et ne vient point en jugement, mais il est passé de la mort à la vie. » ***(Jn. 5 : 24)***

Après cela, ce qui dépasse l'entendement se produira : l'univers tout entier s'effondrera avec tout ce qu'il contient. Un autre univers le remplacera et les hommes auront pour destination finale une nouvelle terre, avec une nouvelle ville pour accueillir le royaume de Dieu.

« Le jour du Seigneur viendra comme un voleur ; en ce jour, ***les cieux passeront avec fracas****, les éléments embrasés se dissoudront, et* ***la terre avec les œuvres qu'elle renferme sera consumée****.*
Puisque donc toutes ces choses doivent se dissoudre, quelles ne doivent pas être la sainteté de votre conduite et votre piété,
Tandis que vous attendez et hâtez l'avènement du jour de Dieu, à cause duquel les cieux enflammés se dissoudront et les éléments embrasés se fondront !
Mais nous attendons, selon sa promesse, de nouveaux cieux et une nouvelle terre, où la justice habitera. » ***(2Pi. 3 : 10-13)***

« Car ***je vais créer de nouveaux cieux Et une nouvelle terre*** *; On ne se rappellera plus les choses passées, Elles ne reviendront plus à l'esprit.*
Réjouissez-vous plutôt et soyez à toujours dans l'allégresse, A cause de ce que je vais créer ; Car je vais créer Jérusalem pour l'allégresse, Et son peuple pour la joie.
Je ferai de Jérusalem mon allégresse, Et de mon peuple ma joie ; On n'y entendra plus le bruit des pleurs et le bruit des cris. » ***(Esa 65 : 17-19)***

Voici le chronogramme des évènements :

1. Naissance de Jésus sur la terre
2. Ministère de Jean-Baptiste
3. Ministère de Jésus
4. Naissance du royaume de Dieu
5. Mort et résurrection de Jésus
6. Retour et règne de Jésus sur terre
7. Dernière révolte contre Jésus
8. Dernier jugement
9. Ouverture de l'étang ardent de feu et de souffre
10. Destruction de l'univers
11. Apparition d'un autre univers et d'une autre terre
12. Descente de la ville sainte, la nouvelle Jérusalem

A l'issue de ces évènements, le royaume de Dieu connaîtra son plus grand rayonnement. La gloire des fils de Dieu éclatera. Alors, ils seront manifestés ; ils régneront ; ils seront glorifiés.

« Aussi la création attend-elle avec un ardent désir la révélation des fils de Dieu. » ***(Rom. 8 : 19)***

« Il n'y aura plus de nuit ; et ils n'auront besoin ni de lampe ni de lumière, parce que le Seigneur Dieu les éclairera. Et ils régneront aux siècles des siècles. » ***(Apo. 22 : 5)***

Classes sociales :

A-t-on déjà vu un roi et ses princes sans serviteurs, ni sujets à qui donner des ordres ? Or la bible parle sans cesse du règne des fils de Dieu. Sur qui vont-ils régner ? Y aurait-il des personnes qui vivront avec les fils de Dieu sans pour autant avoir leur statut ? Si tel est le cas, on pourrait imaginer qu'il s'agira de tous ceux qui ne feront pas partie du royaume de Dieu mais qui seront sauvés pour la vie éternelle. Ce sont ceux qui ont été justes mais qui n'ont pas eu le privilège d'entendre parler de Jésus. Ainsi donc les membres du royaume de Dieu partageraient la nouvelle terre avec d'autres types de personnes. On en est réduit à des conjectures en absence de déclarations directes de la bible. Voici au moins trois catégories de citoyens qui s'y trouveraient :

Les chrétiens

Ce sont les plus privilégiés car ils ont cru au fils unique de Dieu. Ils ont lavé leurs robes dans son sang, lui ont consacré leurs vies et participeront aux assauts contre les derniers bastions du diable. Ils font partie du royaume de Dieu. Ils règneront sur les autres. Ils auront droit de cité à la nouvelle Jérusalem. *« Heureux ceux qui lavent leurs robes, afin d'avoir droit à l'arbre de vie, et d'entrer par les portes dans la ville ! »* **Apocalypse 22 : 14**
Ils sont sauvés d'avance et ne passeront pas au dernier jugement.

Les israélites

C'est eux la source de la révélation de Dieu. C'est par eux que l'humanité toute entière a connu l'Eternel. Ils nous ont donné la loi et les prophètes en les conservant intacts. Mais vers la fin, ils ont renié le messie qu'ils attendaient depuis toujours. Ceux d'entre eux qui auront accepté Jésus feront partie du royaume, les autres seront sauvés au travers de la loi au dernier jugement et non par la grâce que le Christ a apportée et ne seront pas du royaume.

« Car je ne veux pas, frères, que vous ignoriez ce mystère, afin que vous ne vous regardiez point comme sages, c'est qu'une partie d'Israël est tombée dans l'endurcissement, jusqu'à ce que la totalité des païens soit entrée.
Et ainsi tout Israël sera sauvé, selon qu'il est écrit : Le libérateur viendra de Sion, Et il détournera de Jacob les impiétés ; »
(Rom. 11 : 25 -26)

Les israélites ont été les premiers appelés à hériter la nouvelle Jérusalem. Mais à cause de leur incrédulité, nombreux parmi eux ne pourront pas y entrer et devront se contenter des autres territoires de la nouvelle terre, ou même être condamnés dans l'étang ardent.

« Car je n'ai point honte de l'Évangile : c'est une puissance de Dieu pour le salut de quiconque croit, du Juif premièrement, puis du Grec… » ***(Rom 1 : 16)***

« Quand le maître de la maison se sera levé et aura fermé la porte, et que vous, étant dehors, vous commencerez à frapper à la porte, en disant : Seigneur, Seigneur, ouvre-nous ! Il vous répondra : Je ne sais d'où vous êtes.
Alors vous vous mettrez à dire : Nous avons mangé et bu devant toi, et tu as enseigné dans nos rues.
Et il répondra : Je vous le dis, je ne sais d'où vous êtes ; retirez-vous de moi, vous tous, ouvriers d'iniquité.

C'est là qu'il y aura des pleurs et des grincements de dents, quand vous verrez Abraham, Isaac et Jacob, et tous les prophètes, dans le royaume de Dieu, et que vous serez jetés dehors.
Il en viendra de l'orient et de l'occident, du nord et du midi ; et ils se mettront à table dans le royaume de Dieu.
Et voici, il y en a des derniers qui seront les premiers, et des premiers qui seront les derniers. » ***(Luc 13 : 25-30)***

Les justes

Il s'agit de tous ceux qui ne connaissent ni la loi de Moïse ni le message du salut par le nom de Jésus parce que le milieu et l'époque où ils vivaient n'étaient pas éclairés par ces vérités, mais qui ont marché d'une manière exemplaire, étant conformes à ce que leur conscience et leurs lois sociales leur prescrivaient. Ils passeront par le dernier jugement et seront sauvés sans la loi mais plutôt par rapport à leur conscience.

« Car devant Dieu il n'y a point d'acception de personnes.
Tous ceux qui ont péché sans la loi périront aussi sans la loi, et tous ceux qui ont péché avec la loi seront jugés par la loi.
Ce ne sont pas, en effet, ceux qui écoutent la loi qui sont justes devant Dieu, mais ce sont ceux qui la mettent en pratique qui seront justifiés.
Quand les païens, qui n'ont point la loi, font naturellement ce que prescrit la loi, ils sont, eux qui n'ont point la loi, une loi pour eux-mêmes ;
Ils montrent que l'œuvre de la loi est écrite dans leurs cœurs, leur conscience en rendant témoignage, et leurs pensées s'accusant ou se défendant tour à tour.
C'est ce qui paraîtra au jour où, selon mon Évangile, Dieu jugera par Jésus-Christ les actions secrètes des hommes. »
(Rom. 2 : 11 - 16)

En effet, il est bon de savoir que nos aïeux qui ont vécu avant l'arrivée de l'évangile sur nos terres et qui sont morts sans avoir entendu la moindre parole de Dieu ne seront pas tous perdus. Ceux d'entre eux qui ont été corrects dans leur vie de tous les jours, verront le salut de Dieu. Jésus y a pourvu. C'est pour cela qu'il est allé leur prêcher la bonne parole dans le séjour des morts afin qu'eux aussi sachent ce que Dieu a fait pour l'humanité et que nous soyons tous au même niveau de connaissance. Ils ne pourront pas faire partie du royaume de Dieu. Le passage qui suit nous apprend que même ceux qui avaient été incrédules et qui, pour ce faire, ont été mis en prison dans les profondeurs de la terre, ont aussi reçu la visite de Jésus et ont entendu le message du salut.

« Christ aussi a souffert une fois pour les péchés, lui juste pour des injustes, afin de nous amener à Dieu, ayant été mis à mort quant à la chair, mais ayant été rendu vivant quant à l'Esprit, dans lequel aussi il est allé prêcher aux esprits en prison,
Qui autrefois avaient été incrédules, lorsque la patience de Dieu se prolongeait, aux jours de Noé, pendant la construction de l'arche, dans laquelle un petit nombre de personnes, c'est-à-dire, huit, furent sauvées à travers l'eau. »
(1Pi. 3 : 18)

Configuration du monde nouveau :

L'ensemble de la création de Dieu peut se diviser grosso modo en deux grandes parties : l'univers physique et l'univers spirituel. L'univers physique c'est le monde dans lequel nous vivons actuellement. Ceci comprend tout le cosmos qui englobe la terre : le soleil, toutes les planètes du système solaire, les étoiles, les comètes, les galaxies etc. L'univers spirituel, c'est le monde des esprits où résident les anges et les autres créatures célestes. Il n'est pas possible de faire une délimitation, une frontière entre ces deux mondes, leurs deux natures étant foncièrement différentes. C'est comme si on voulait trouver une frontière entre un pays et la notion de bonheur. On peut même imaginer que le monde physique baigne dans le monde spirituel.

Et chaque univers possède son type de corps. C'est ainsi que nous avons les corps physiques et les corps spirituels.

> *« Toute chair n'est pas la même chair ; mais autre est la chair des hommes, autre celle des quadrupèdes, autre celle des oiseaux, autre celle des poissons.*
> ***Il y a aussi des corps célestes et des corps terrestres** ; mais autre est l'éclat des corps célestes, autre celui des corps terrestres. »*
> ***(1Co. 15 : 39-40)***

Pour vivre dans le monde spirituel, il faut avoir un corps spirituel et inversement il faut un corps physique pour vivre dans notre monde et interagir avec les éléments qui le composent. C'est ce qu'il faut comprendre de l'entretien de Jésus avec Nicodème :

> *« Jésus répondit : En vérité, en vérité, je te le dis, si un homme ne naît d'eau et d'Esprit, il ne peut entrer dans le royaume de Dieu. Ce qui est né de la chair est chair, et ce qui est né de l'Esprit est esprit. »*
> ***(Jn. 3 : 5-6)***

> *« Ainsi en est-il de la résurrection des morts. Le corps est semé corruptible ; il ressuscite incorruptible ; il est semé méprisable, il ressuscite glorieux ; il est semé infirme, il ressuscite plein de force ; il est semé corps animal, il ressuscite corps spirituel. S'il y a un corps animal, il y a aussi un corps spirituel. C'est pourquoi il est écrit : Le premier homme, Adam, devint une âme vivante. Le dernier Adam est devenu un esprit vivifiant. »* ***(1 Cor. 15 : 42-45)***

Le fait de naître de l'Esprit donne à l'homme un corps capable de pénétrer dans le monde spirituel à la résurrection, mais celui qui n'est pas né de l'Esprit n'a pas ce corps et ne peut par conséquent pas avoir accès à ce monde. Celui qui est né de nouveau possède donc une double citoyenneté : celle de la terre et celle du ciel. Autrement dit, celle qui lui donne accès à l'univers physique et celle qui lui donne accès à l'univers spirituel.

Mais contrairement à ce que nous professons régulièrement, nous ne vivrons pas au ciel après le dernier jugement. Les morts en christ montent actuellement au Paradis où ils se mettent au service de Dieu dans son temple[13]. Mais il n'en sera pas ainsi éternellement. Dieu fera venir une nouvelle terre et un nouveau ciel. Ce ne sera pas un monde spirituel mais un monde physique. Le monde spirituel restera toujours le Paradis, là où sont les anges, mais la nouvelle terre et le nouveau ciel seront bel et bien matériels, faits d'objets physiques. C'est pour cela qu'il est question de la résurrection de la chair. En effet, la chair ressuscitée se présentera sous une forme physique comme actuellement, mais sera plus puissante et possédera des pouvoirs qu'il n'a pas aujourd'hui. Ce corps sera exactement comme celui du Christ à la sortie du tombeau ; probablement capable de disparaître, de traverser les murs et de passer d'un endroit à un autre en un clin d'œil.

---

[13] **(Apocalypse 7 : 13-15)** Et l'un des vieillards prit la parole et me dit : Ceux qui sont revêtus de robes blanches, qui sont-ils, et d'où sont-ils venus ?
Je lui dis : Mon seigneur, tu le sais. Et il me dit : Ce sont ceux qui viennent de la grande tribulation ; ils ont lavé leurs robes, et ils les ont blanchies dans le sang de l'agneau.
C'est pour cela qu'ils sont devant le trône de Dieu, et le servent jour et nuit dans son temple. Celui qui est assis sur le trône dressera sa tente sur eux

« Bien-aimés, nous sommes maintenant enfants de Dieu, et ce que nous serons n'a pas encore été manifesté ; mais nous savons que, lorsque cela sera manifesté, nous serons semblables à lui, parce que nous le verrons tel qu'il est. » ***(1Jn 3:2)***

Nous retrouverons par conséquent les astres tels que nous les connaissons aujourd'hui selon leurs types mais avec, il faudra s'y attendre, de grandes améliorations. Nous retrouverons probablement les lois de la physique, de la mécanique, de l'électricité etc. On peut espérer que les principes de la mécanique quantique qui ne s'appliquent aujourd'hui qu'à l'échelle atomique s'expérimenteront aussi à l'échelle macroscopique, aux dimensions qui nous correspondent, car nous connaîtrons aussi une liberté de mouvements spatio-temporelle.[14]

La Nouvelle Jérusalem

C'est sur cette nouvelle terre que Dieu posera la merveilleuse ville appelée « Nouvelle Jérusalem » ou encore « Ville Sainte » qui aura un éclat et une magnificence que notre entendement ne peut encore saisir :

« Puis je vis un nouveau ciel et une nouvelle terre ; car le premier ciel et la première terre avaient disparu, et la mer n'était plus. Et je vis descendre du ciel, d'auprès de Dieu la ville sainte, la nouvelle Jérusalem... » ***(Apo. 21 : 1-2)***

Seuls ceux qui ont lavé leur robe dans le Sang de l'agneau pourront y entrer[15]. Cette ville sera immense. Elle est cubique et mesure 2200 Km de côté. Elle pourrait donc s'étendre de la côte Est de la Côte d'Ivoire jusqu'au plein cœur du Cameroun. Elle s'étendrait donc de la frontière Sud de la Côte d'Ivoire jusqu'à la région Nord de la Mauritanie. En Europe, un seul côté de la muraille s'étendrait de l'extrémité occidentale du Portugal à l'extrémité orientale de l'Italie ; ou de l'extrémité Nord de l'Afrique à l'extrémité Nord du Danemark. Le sommet de la muraille se situe à une distance de 2200 Km du sol. Ce qui veut dire qu'elle dépasserait de plus de deux fois la hauteur des satellites artificiels de télécommunication qui est de 1000 km, et plongerait dans les ténèbres de l'espace. Cette ville sera le joyau principal de sa planète mais chose surprenante, **elle coexistera avec des nations et des royaumes**. Oui, cette nouvelle terre ne sera pas constituée que d'une seule ville. Le contraire serait absurde. Que peut-on en déduire ? On dira tout simplement que les chrétiens habiteront la nouvelle Jérusalem tandis que les autres hériteront des autres contrées de la nouvelle terre. Ils bâtiront des villes et des nations. Et comme il s'agit d'une planète, elle connaîtra la nuit et le jour, parce que la terre est ronde et est éclairée par une étoile. Mais la nouvelle Jérusalem sera toujours illuminée. Il n'y fera point nuit.

« Les nations marcheront à sa lumière, et les rois de la terre y apporteront leur gloire. » ***(Apo. 21 : 24)***

Ce verset nous apprend qu'il y aura des échanges entre ces nations et la nouvelle Jérusalem. Les souverains des nations de la nouvelle terre pourront y entrer pour adorer

---

[14] La mécanique quantique nous apprend que les éléments constitutifs de la matière ont des propriétés qui s'apparentent au monde spirituel. Ils peuvent par exemple passer d'un point A à un point B sans passer par les étapes intermédiaires.

[15] Apo. 21 : 27

l'Eternel. Rappelons-nous que cette ville a douze portes. C'est là le sanctuaire où Dieu résidera, le Quartier Général, à partir duquel Il règnera sur la Nouvelle Terre.

> *« Et j'entendis du trône une forte voix qui disait : Voici le tabernacle de Dieu avec les hommes ! Il habitera avec eux, et ils seront son peuple, et Dieu lui-même sera avec eux. »* ***(Apo. 21 : 3)***

A ce moment-là, le vœu suivant du Christ s'accomplira pleinement : *« que ta volonté soit faite sur la terre comme au ciel »*. Car Dieu règnera réellement, il réalisera entièrement ce qu'il voudra et plus rien ne mettra d'entrave à l'exécution de ses plans. Puisque Satan, les démons et les hommes méchants ne seront plus. Tous ceux qui peupleront le nouveau monde seront des gens disposés à se plier à la volonté du Créateur et dans les cœurs desquels il ne se trouvera ni rébellion, ni résistance. Les fils du malin ne seront plus. Ce qui est différent du millénium où le Christ, bien que régnant dans toute sa gloire, devra supporter la présence des gens dont le cœur ne lui sera point consacré.

La nature nouvelle

Les espèces végétales et animales disparues, décimées par l'action irréfléchie de l'homme seront restaurées. Nous verrons les animaux que nous ne connaissons que par les coups de pinceau des archéologues. Nous verrons aussi des animaux et des végétaux qui ont disparu de la terre et dont le souvenir a été effacé.

> *« Aussi la création attend-elle avec un ardent désir la révélation des fils de Dieu.*
> *Car la création a été soumise à la vanité, non de son gré, mais à cause de celui qui l'y a soumise, avec l'espérance qu'elle aussi sera affranchie de la servitude de la corruption, pour avoir part à la liberté de la gloire des enfants de Dieu. »*
> ***(Rom. 8 : 19-21)***

Comme la nouvelle terre sera constituée de nations, en plus de la nouvelle Jérusalem, il sera question de désigner des gens capables de gouverner et de régner sur des villes, des groupes de villes des nations et des royaumes. Dieu, qui fera le partage des responsabilités, s'appuiera sur des critères bien définis.

VI

Les récompenses

> *« C'est bien, bon serviteur ; parce que tu as été fidèle en peu de chose, reçois le gouvernement de dix villes. »*
>
> ***Luc 19.17***

Jésus désire ardemment que nous accédions à de grandes récompenses dans le royaume des cieux. C'est pour cela qu'il nous y a vivement exhortés et nous a même donné les règles d'accroissement de ces biens. Mais tous ne les apprécient pas et y voient un non-sens. Aussi, pour avoir négligé une si grande vérité, plusieurs se retrouveront dans l'éternité sans aucune récompense. Ils n'auront pour seul prix que la vie éternelle. Dans le verset ci-dessous, Jésus a montré au jeune homme riche comment avoir de grands biens au ciel, mais celui-ci n'a pas entendu la chose de cette oreille.

> *« Jésus lui dit : Si tu veux être parfait, va, vends ce que tu possèdes, donne-le aux pauvres, et tu auras un trésor dans le ciel. Puis viens, et suis-moi.*
> *Après avoir entendu ces paroles, le jeune homme s'en alla tout triste ; car il avait de grands biens.*
> *Jésus dit à ses disciples : Je vous le dis en vérité, un riche entrera difficilement dans le royaume des cieux. »* ***(Mat. 19 : 21-23)***

Mais Jésus nous encourage à croire à ce qui nous attend dans le royaume de Dieu.

> *« Que votre cœur ne se trouble point. Croyez en Dieu, et croyez en moi.*
> *Il y a plusieurs demeures dans la maison de mon Père. Si cela n'était pas, je vous l'aurais dit. Je vais vous préparer une place... »* ***(Jn. 14 : 1-2)***

Et Paul, de son côté ajoute :

> *« J'estime que les souffrances du temps présent ne sauraient être comparées à la gloire à venir qui sera révélée pour nous. »* ***(Rom. 8 : 18)***

> *« Car Dieu n'est pas injuste, pour oublier votre travail et l'amour que vous avez montré pour son nom, ayant rendu et rendant encore des services aux saints. »* ***(Héb. 6 : 10)***

Et le cantique dit :

> *« Notre nouvelle patrie, c'est le Royaume des Cieux.*
> *Dans les cieux, dans les cieux, dans les cieux, ma patrie est dans les cieux,*
> *J'irai là-bas, c'est ma nouvelle patrie.*
> *Méprisez-moi sur la terre, (bis)*
> *Ce n'est rien (bis) ma patrie est dans les cieux,*
> *J'irai là-bas, c'est ma nouvelle patrie ».*

Ces belles paroles, qui sont notre espérance, ne se réaliseront malheureusement pas pour tous. La désillusion sera grande alors. Plusieurs s'attendront à recevoir une immense maison, mais devront se contenter d'une pièce étroite. D'autres mêmes seront sans logis, des SDF, des sans-abris en quelque sorte. Comment cela se peut-il ? Peut-on assister à des déséquilibres sociaux au ciel où tout est dit parfait ? La Bible est très claire à ce sujet. Elle en donne une réponse affirmative. Dans le passage qui suit, Jésus nous laisse entrevoir ces choses.

> *« Jésus dit aussi à ses disciples : Un homme riche avait un économe, qui lui fut dénoncé comme dissipant ses biens. Il l'appela, et lui dit : Qu'est-ce que j'entends dire de toi ? Rends compte de ton administration, car tu ne pourras plus administrer mes biens.*
> *L'économe dit en lui-même : Que ferai-je, puisque mon maître m'ôte l'administration de ses biens ? Travailler à la terre ? Je ne le puis. Mendier ? J'en ai honte. Je sais ce que je ferai, pour qu'il y ait des gens qui me reçoivent dans leurs maisons quand je serai destitué de mon emploi.*
> *Et, faisant venir chacun des débiteurs de son maître, il dit au premier : Combien dois-tu à mon maître ?*

Cent mesures d'huile, répondit-il. Et il lui dit : Prends ton billet, assieds-toi vite, et écris cinquante.
Il dit ensuite à un autre : Et toi, combien dois-tu ? Cent mesures de blé, répondit-il. Et il lui dit : Prends ton billet, et écris quatre-vingts.
Le maître loua l'économe infidèle de ce qu'il avait agi prudemment. Car les enfants de ce siècle sont plus prudents à l'égard de leurs semblables que ne le sont les enfants de lumière.
Et moi, je vous dis : Faites-vous des amis avec les richesses injustes, pour qu'ils vous reçoivent dans ***les tabernacles éternels,*** *quand elles viendront à vous manquer.*
Celui qui est fidèle dans les moindres choses l'est aussi dans les grandes, et celui qui est injuste dans les moindres choses l'est aussi dans les grandes. Si donc vous n'avez pas été fidèles dans les richesses injustes, qui vous confiera les véritables ? Et si vous n'avez pas été fidèles dans ce qui est à autrui, qui vous donnera ce qui est à vous ? »
(Luc 16 : 1- 12)

Les richesses injustes désignent dans un premier temps le bien mal acquis, mais le verset 11 les décrit comme des biens terrestres d'une manière générale. Les tabernacles éternelles désignent les demeurent qui nous attendent comme récompense à la fin des temps. Les moindres choses désignent les tâches et les responsabilités dont nous sommes en charge sur terre. Les grandes choses désignent les tâches et les responsabilités qui nous attendent à la fin des temps. Etc.

Jésus conseillait à ceux dont la fortune s'est construite par des moyens frauduleux de l'utiliser pour se faire de très bons amis afin que ceux-ci les reçoivent dans leurs demeures dans les siècles à venir, parce qu'ils n'en auraient pas. Cela est dû au fait que ces personnes n'ont rien fait qui puisse leur procurer un bien quelconque au dernier jour, ou pire, ont fait de bonnes actions avec des intentions malsaines. L'étonnement sera grand, lorsque des gens se verront attribuer d'immenses propriétés, des domaines alors que d'autres ne recevront rien.

Le verset 12 nous fait savoir que si nous manquons de compétence dans notre profession ou dans toute autre organisation où les gens nous ont fait appel, Dieu en tiendrait compte et se gardera de nous confier des responsabilités dans le nouveau monde. Ainsi donc, quand Jésus nommera certains de ses enfants à de hautes fonctions, d'autres pourraient être sans aucune activité. Une sorte de chômage. C'est un avertissement à ceux qui ne savent rien faire de leurs dix doigts ou qui ne peuvent pas conduire ce qu'ils font à terme. Ainsi, ceux qui ont plus de connaissances et de compétences seront beaucoup sollicités, les autres moins. Ceci répond à une grande préoccupation philosophique : en effet plusieurs penseurs trouvent qu'il y a quelque chose d'absurde dans le principe de la mort. En effet, l'homme s'amasse un certain bagage de connaissances et de savoir-faire tout au long de sa vie. Et pour finir, nous assistons à un spectaculaire gaspillage : l'homme meurt, tout son savoir et ses compétences avec lui. C'est un non-sens pour beaucoup. Mais pour Dieu non. Toute cette expérience sera capitalisée un jour.

Le temps vient où tout ce que nous avons fait comme œuvre sur la terre sera mis en lumière. Rien ne sera ignoré : nos actions, nos pensées, nos intentions seront mises au grand jour et devant tout le monde. Tout ce qui a été dit ou fait dans les ténèbres sera vu. Le bien ou le mal faits discrètement seront dévoilés.

Alors Dieu prononcera un jugement sur ses enfants. Ce jugement n'aura pas pour objet de révéler si ceux-ci auront le salut ou pas. Mais plutôt d'évaluer leur mérite et leur accorder la récompense qui s'attache à leurs œuvres. A ce moment-là, il y aura des grincements de dents. Car un nombre incalculable d'immenses actions et d'entreprises réalisées au nom de Dieu seront complètement ignorées par le Juge Redoutable. Ainsi, un homme qui a passé toute sa vie à organiser de grandes campagnes d'évangélisation et qui s'attend aux félicitations de Dieu se trouverait couvert de honte. Ou un autre qui s'est consacré entièrement à aider les enfants dans le monde et qui s'attend à une reconnaissance divine se trouverait confus ; Ou encore un autre qui a été un "excellent" homme de Dieu, plein de compétences, respecté par ses pairs et reconnu sur le plan international et qui s'attend à jouir des mêmes considérations auprès de Dieu, se verrait relégué à la dernière place, etc.

Par contre, des individus dont personne ne fait cas sortiront de l'ombre, seront mis dans l'entourage immédiat de Dieu, et auront autorité sur ceux devant qui ils se pliaient jadis, et qu'ils n'osaient même pas approcher. A ce moment-là, des actions que les gens méprisaient à cause du fait qu'elles semblaient trop insignifiantes, trop modestes, seront mises au grand jour sous les éloges de Dieu et connaîtront une haute récompense.

Pourquoi les choses se passeront-elles ainsi ? Eh bien, c'est parce que Dieu ne juge pas à la l'apparence ; Il ne s'arrête pas à l'action, mais il va jusqu'aux motifs profonds :

« L'Éternel ne considère pas ce que l'homme considère ; l'homme regarde à ce qui frappe les yeux, mais l'Éternel regarde au cœur. » ***(1 Sam. 16 : 7)***

« Il ne jugera point sur l'apparence, Il ne prononcera point sur un ouï-dire. » ***(Esa. 11 : 3)***
« Et voici, il y en a des derniers qui seront les premiers, et des premiers qui seront les derniers. » ***(Luc 13 : 30)***

En effet, toutes les fois que nous nous rendons de corps à l'église et sommes absents d'esprit parce que notre cœur est plus intéressé à penser à nos copains et copines, aux sorties de divertissement ou aux travaux professionnels ou ménagers, Dieu voit le fond de notre cœur. Si nous ne sommes attachés à une église que dans l'unique but de faire plaisir à une personne, ou pour qu'on ne nous traite pas de « païen », nous sommes carrément à côté de la plaque et nous ne pouvons espérer la moindre récompense.

Par ailleurs, les motifs de nos actions sont au moins aussi importants que les actions elles-mêmes. C'est pour cela que si nous faisons l'aumône avec la main droite, la main gauche ne doit pas le savoir[16]. Si nous agissons dans le but d'être vus, d'être loués, de paraître, où dans un esprit de vaine gloire, nos œuvres ne seront point récompensées. Les querelles de leadership dans nos églises sont des signes révélateurs du grand nombre d'œuvres vaines au sein de la hiérarchie ecclésiastique. Si nous recherchons les dons du Saint-Esprit dans un esprit de concurrence ou par vaine gloire, nous ne recevrons pas de récompense en retour. Aussi Jésus nous donne-t-il le conseil suivant :

« Gardez-vous de pratiquer votre justice devant les hommes, pour en être vus ; autrement, vous n'aurez point de récompense auprès de votre Père qui est dans les cieux. Lors donc que tu fais l'aumône, ne sonne pas de la trompette devant toi, comme font les hypocrites dans les synagogues et dans les rues, afin d'être glorifiés par les hommes. Je vous le dis en vérité, ils reçoivent leur récompense. Mais quand tu fais l'aumône, que ta main gauche ne sache pas ce que fait ta droite, afin que ton aumône se fasse en secret ; et ton Père, qui voit dans le secret, te le rendra. Lorsque vous priez, ne soyez pas comme les hypocrites, qui aiment à prier debout dans les synagogues et aux coins des rues, pour être vus des hommes. Je vous le dis en vérité, ils reçoivent leur récompense. » ***(Mat. 6 : 1-5)***

Toutes nos actions passeront par l'épreuve du feu. Celles qui auront été pratiquées dans la piété recevront une récompense, les autres seront consumées.

---

[16] ***Matthieu 6 : 3*** *Mais quand tu fais l'aumône, que ta main gauche ne sache pas ce que fait ta droite,*

« Or, si quelqu'un bâtit sur ce fondement avec de l'or, de l'argent, des pierres précieuses, du bois, du foin, du chaume, l'œuvre de chacun sera manifestée ; car le jour la fera connaître, parce qu'elle se révèlera dans le feu, et le feu éprouvera ce qu'est l'œuvre de chacun. Si l'œuvre bâtie par quelqu'un sur le fondement subsiste, il recevra une récompense. Si l'œuvre de quelqu'un est consumée, il perdra sa récompense ; pour lui, il sera sauvé, mais comme au travers du feu. » ***(1Cor. 3 : 12-15)***

A l'issue de l'épreuve de feu au travers de laquelle chacun des chrétiens passera, plusieurs types de récompenses seront attribués. La restitution des biens terrestres sera faite, des prix seront distribués et des nominations seront prononcées.

Les prix

Chers frères, l'accès au royaume de Dieu est d'une **immense compétition**. Le Christ a dit que ce sont les violents qui s'en emparent. Mais c'est aussi une course aux prix. Quelqu'un peut détenir une récompense, mais il peut la perdre après s'il baisse les bras, et un autre la lui ravira. Il n'y aura pas un prix pour chacun. Non, mais un prix par type d'œuvre. C'est pour cela que chacun doit user de violence pour ne pas perdre ses acquis ou mieux, pour gagner un autre prix.

Lorsque nous entreprenons, une mission, une œuvre quelconque pour le Seigneur, nous devons savoir qu'il attend que nous travaillions le mieux possible. Si nous sommes excellents, nous recevrons de grands honneurs et l'autorité qui s'y rattache. Il faut être violent, il faut être performant pour avoir des prix. Aujourd'hui, nous commettons l'erreur de faire l'œuvre de Dieu à notre rythme, nous ne nous sentons pas d'obligation de résultat, nous n'avons pas de challenge, et nous laissons les choses aller d'elles-mêmes ; nous tolérons avec beaucoup trop de largesse nos erreurs, et nous ne sommes pas promptes à redresser les situations maladives. Sachons que si nous agissons ainsi, le seigneur lui nous regarde d'un œil différent. Et au moment venu, il nous fera publiquement toutes les remarques sur notre comportement, nous arrachera ce qui devrait nous revenir et le remettra à un autre qui nous aurait supplanté. Imaginez ce qu'une personne peut ressentir en pareille situation. Recevoir les reproches des hommes est une chose mais **être désavoué publiquement par Dieu lui-même doit être une honte et une consternation extrêmes**. Lisons la lettre avertissement que notre seigneur a adressée à l'église de Laodicée :

« Écris à l'ange de l'Église de Laodicée : Voici ce que dit l'Amen, le témoin fidèle et véritable, le commencement de la création de Dieu : Je connais tes œuvres. Je sais que tu n'es ni froid ni bouillant. Puisses-tu être froid ou bouillant ! Ainsi, parce que tu es tiède, et que tu n'es ni froid ni bouillant, je te vomirai de ma bouche.
Parce que tu dis : Je suis riche, je me suis enrichi, et je n'ai besoin de rien, et parce que tu ne sais pas que tu es malheureux, misérable, pauvre, aveugle et nu, je te conseille d'acheter de moi de l'or éprouvé par le feu, afin que tu deviennes riche, et des vêtements blancs, afin que tu sois vêtu et que la honte de ta nudité ne paraisse pas, et un collyre pour oindre tes yeux, afin que tu voies.
Moi, je reprends et je châtie tous ceux que j'aime. Aie donc du zèle, et repens-toi. »
(Apo 3:14-19)

Nous connaissons bien l'amour de Jésus, mais nous semblons ignorer sa sévérité. Si nous trouvons que certains de nos chefs sur terre sont rigoureux, il faut qu'on sache que Jésus l'est bien plus encore. Faisons une pause pour regarder le ciel, pour considérer cet immense miracle où tout semble suivre une loi implacable. Comment quelqu'un peut-il réussir une œuvre pareille s'il n'est d'une extrême rigueur ? Pensez-vous qu'il peut se plaire à cohabiter avec l'incompétence ? Pensez-vous qu'il acceptera dans son staff des gens qui ne savent rien réussir et qui ont passé toute leur vie à flâner ? Ressaisissons-nous car cet aspect des choses semble nous échapper complètement si nous considérons l'ensemble des méthodes des chrétiens. Le fait pour nous de chanter que nous sommes dans la grâce, que nous sommes dans la liberté nous fait perdre de vue que Jésus nous regarde d'un œil sévère.

Moïse a passé 40 ans dans le désert à paître le troupeau de son beau-père Jéthro. Dieu le préparait ainsi à quelque chose de plus grand : conduire le peuple d'Israël de la servitude à la terre promise. Aujourd'hui, les hommes de Dieu ont en charge une foule de personnes. Cet apprentissage les conduira un jour à diriger des nations. Il en est de même de tous ceux dont la fonction professionnelle consiste à diriger plusieurs personnes. S'ils font leurs preuves, alors ils auront accès à toutes les grâces. Sinon, la confusion sera leur lot. Ainsi tout pasteur dans l'église duquel le péché abonde, où les hommes comme les femmes portent des tenues impudiques ou ont des comportements semblables sans qu'il veuille les réprimer ou y mettre un frein a échoué et est en train de perdre son prix même s'il a de nombreux fidèles[17]. Tout pasteur qui ne parvient pas à maintenir son assemblée dans la ferveur de l'Esprit a échoué et est en train de perdre son prix.[18] Tout pasteur dans l'église duquel règne toutes sortes de divisions et où l'amour de Dieu est absent a échoué et est en train de perdre son prix. Tout pasteur qui a perdu autorité sur ses fidèles a échoué et est en train de perdre son prix.[19] Tout pasteur qui ne peut mener une assemblée à maturité et dans la main duquel les églises se brisent ne peut prétendre à un prix.

En outre, tout pasteur en manque d'imagination, qui attend que le Saint-Esprit lui montre tout avant de poser le moindre pas, a échoué. Il manque de compétence.[20]

Par ailleurs tout chrétien qui ne réussit pas à exécuter correctement ses tâches professionnelles pour satisfaire son employeur perd aussi des récompenses, et surtout la confiance du Seigneur. Tout chrétien qui use de malversations ou qui court après les pots-de-vin a échoué. Il est en train de perdre sa couronne. Tout chrétien qui ne s'acquitte pas bien de ses tâches à l'église, parce qu'il y met de la nonchalance ou des retards répétés a échoué, il perd des récompenses.

Lisons quelques mises en garde de Jésus à ce sujet :

---

[17] **Apocalypse 3 : 1-3** *« Écris à l'ange de l'Église de Sardes : Voici ce que dit celui qui a les sept esprits de Dieu et les sept étoiles : Je connais tes œuvres. Je sais que tu passes pour être vivant, et tu es mort. Sois vigilant, et affermis le reste qui est près de mourir ; car je n'ai pas trouvé tes oeuvres parfaites devant mon Dieu. Rappelle-toi donc comment tu as reçu et entendu, et garde, et repens-toi. Si tu ne veilles pas, je viendrai comme un voleur, et tu ne sauras pas à quelle heure je viendrai sur toi. »*

[18] **Apocalypse 3 : 15 - 16** *« Je connais tes oeuvres. Je sais que tu n'es ni froid ni bouillant. Puisses-tu être froid ou bouillant !*
Ainsi, parce que tu es tiède, et que tu n'es ni froid ni bouillant, je te vomirai de ma bouche. »

[19] **Apocalypse 2: 20** *« Mais ce que j'ai contre toi, c'est que tu laisses la femme Jézabel, qui se dit prophétesse, enseigner et séduire mes serviteurs, pour qu'ils se livrent à l'impudicité et qu'ils mangent des viandes sacrifiées aux idoles. »*

[20] **Luc 19 : 20** *« Un autre vint, et dit : Seigneur, voici ta mine, que j'ai gardée dans un linge ;*
Car j'avais peur de toi, parce que tu es un homme sévère ; tu prends ce que tu n'as pas déposé, et tu moissonnes ce que tu n'as pas semé.
Il lui dit : Je te juge sur tes paroles, méchant serviteur ; tu savais que je suis un homme sévère, prenant ce que je n'ai pas déposé, et moissonnant ce que je n'ai pas semé ;
Pourquoi donc n'as-tu pas mis mon argent dans une banque, afin qu'à mon retour je le retirasse avec un intérêt ? »

« Souviens-toi donc d'où tu es tombé, repens-toi, et pratique tes premières œuvres ; sinon, je viendrai à toi, et j'ôterai ton chandelier de sa place, à moins que tu ne te repentes. » ***(Apo. 2 : 5)***

« Je viens bientôt. Retiens ce que tu as, afin que personne ne prenne ta couronne. »
(Apo. 3 : 11)

« Sois vigilant, et affermis le reste qui est près de mourir ; car je n'ai pas trouvé tes œuvres parfaites devant mon Dieu. »
(Apo. 3 : 2)

« Je connais tes œuvres. Je sais que tu n'es ni froid ni bouillant. Puisses-tu être froid ou bouillant !
Ainsi, parce que tu es tiède, et que tu n'es ni froid ni bouillant, je te vomirai de ma bouche. »
(Apo. 3 : 15-16)

Mais il dit aussi :

« A celui qui vaincra, et qui gardera jusqu'à la fin mes œuvres, je donnerai autorité sur les nations.
Il les paîtra avec une verge de fer, comme on brise les vases d'argile, ainsi que moi-même j'en ai reçu le pouvoir de mon Père.
Et je lui donnerai l'étoile du matin. »
(Apo. 2 : 26-28)

« Celui qui vaincra, je ferai de lui une colonne dans le temple de mon Dieu, et il n'en sortira plus ; j'écrirai sur lui le nom de mon Dieu, et le nom de la ville de mon Dieu, de la nouvelle Jérusalem qui descend du ciel d'auprès de mon Dieu, et mon nom nouveau. »
(Apo. 3 : 12)

La restitution des biens terrestres

Il semble[21] que lorsqu'une personne naît sur terre, elle soit accompagnée toujours d'une grâce qui veut qu'elle entre en possession, à partir d'un moment donnée de sa vie, d'un certain type de biens. Cela varie évidement d'un individu à un autre. C'est ainsi qu'il est attendu que certains aient plus de biens matériels que d'autres ; ou que certains encore aient plus de talent dans tel ou tel domaine que d'autres. Dieu a prévu ce "package" de richesses à chaque personne pour qu'il n'y ait pas d'indigence sur terre. Mais malheureusement à cause du péché, ce système a foiré. Ainsi, des gens ont spolié d'autres ou par jalousie, ont porté atteinte à l'intégrité de leurs corps ou de leur esprit, les privant ainsi des moyens d'accéder à leur destinée. D'autres encore suppriment purement et simplement des vies humaines, arrêtant par là le parcours de l'individu vers l'attente de ses biens. La pauvreté s'est étendue. Dieu, dans sa justice, rendra tout ce qui a été volé ou massacré. Ces paraboles de Jésus illustrent assez bien ces choses :

« Or il y avait un homme riche, qui se vêtait de pourpre et de fin lin, et qui tous les jours se traitait splendidement. Il y avait aussi un pauvre, nommé Lazare, couché à la porte du riche, et tout couvert d'ulcères ; Et qui désirait d'être rassasié des miettes qui tombaient de la table du riche ; et même les chiens venaient, et lui léchaient ses ulcères.
Et il arriva que le pauvre mourut, et il fut porté par les Anges au sein d'Abraham ; le riche mourut aussi, et fut enseveli. Et étant en enfer, et élevant ses yeux, comme il était dans les tourments, il vit de loin Abraham et Lazare dans son sein. Et s'écriant, il dit : Père Abraham aie pitié de moi, et envoie Lazare, qui mouillant dans l'eau le bout de son doigt, vienne rafraîchir ma langue ; car je suis grièvement tourmenté dans cette flamme.

[21] Il est important de retenir que cette démonstration n'est pas appuyée sur des déclarations directes de la bible. En conséquence, il faut user de toute la prudence nécessaire vis-à-vis de ce qui suit.

*Et Abraham répondit : mon fils, **souviens-toi que tu as reçu tes biens en ta vie**, et que Lazare y a eu ses maux ; **mais il est maintenant consolé**, et tu es grièvement tourmenté. » **(Luc 16 : 19-25)***

« Alors Jésus, levant les yeux sur ses disciples, dit : Heureux vous qui êtes pauvres, car le royaume de Dieu est à vous ! »
(Luc 6 : 20)

Les récompenses de piété

Le fait de prier avec persévérance, de fréquenter les assemblées religieuses, en somme de pratiquer sa foi entraîne des récompenses.

« ... il faut que celui qui s'approche de Dieu croie que Dieu existe, et qu'il est le rémunérateur de ceux qui le cherchent ». Héb. 11 : 6
« En effet, vous avez eu de la compassion pour les prisonniers, et vous avez accepté avec joie l'enlèvement de vos biens, sachant que vous avez des biens meilleurs et qui durent toujours. N'abandonnez donc pas votre assurance, à laquelle est attachée une grande rémunération. Car vous avez besoin de persévérance, afin qu'après avoir accompli la volonté de Dieu, vous obteniez ce qui vous est promis ». Héb. 11 : 34 – 36

Les récompenses des services religieux

Toutes les actions accomplies pour faire avancer le royaume des cieux, d'une manière ou d'une autre, l'engagement à faire l'œuvre de Dieu, à mi-temps ou à plein temps constituent un service que nous rendons au Seigneur. Il en est de même pour tous ceux qui ont une quelconque responsabilité dans l'église, que ce soit le balayeur, le musicien, le diacre ou le pasteur. Tout ceci est accompagné d'une importante récompense.

*« Car Dieu n'est pas injuste pour oublier votre travail et l'amour que vous avez montré pour son nom, ayant rendu et rendant encore des services aux saints » **(Héb. 6 : 10)***
*« Pierre se mit à lui dire : voici, nous avons tout quitté, et nous t'avons suivi. Jésus répondit : Je vous le dis en vérité, il n'est personne qui, ayant quitté, à cause de moi et à cause de la bonne nouvelle, sa maison, ou ses frères, ou ses sœurs, ou sa mère, ou son père, ou ses enfants, ou ses terres, ne reçoive au centuple, présentement dans ce siècle-ci, des maisons, des frères et des sœurs, des mères des enfants et des terres, avec des persécutions, et, dans le siècle à venir, la vie éternelle ». **(Mar. 10 : 28-30)***

Les nominations sur la base des compétences individuelles

Tout ce que nous acquérons comme savoir et compétence sera capitalisé. Dieu attache un regard particulier à nos performances personnelles dans tous les domaines, car il a beaucoup investi en nous. Il a accordé à certains un talent oratoire, à d'autres des dons artistiques, en musique, en art plastique. Aux uns il a donné de pouvoir diriger des multitudes, aux autres de pouvoir réaliser des ouvrages. Aux uns il a donné la faculté de comprendre et de parler aisément des langues étrangères, aux autres de pouvoir diriger des affaires. Aux uns il a donné l'art de la négociation, aux autres l'art de la guerre. Aux uns il a donné de la force physique et une stature imposante, aux autres la force de l'intelligence. Aux uns il a donné un cœur paternaliste, aux autres d'être calculateurs.

Dieu ne voudra pas avoir investi en vain. C'est pourquoi il nous redemandera compte de tout ce qu'il a mis en nous.

« Il dit donc : Un homme de haute naissance s'en alla dans un pays lointain, pour se faire investir de l'autorité royale, et revenir ensuite.
Il appela dix de ses serviteurs, leur donna dix mines, et leur dit : Faites-les valoir jusqu'à ce que je revienne.
Mais ses concitoyens le haïssaient, et ils envoyèrent une ambassade après lui, pour dire : Nous ne voulons pas que cet homme règne sur nous.
Lorsqu'il fut de retour, après avoir été investi de l'autorité royale, il fit appeler auprès de lui les serviteurs auxquels il avait donné l'argent, afin de connaître comment chacun l'avait fait valoir.
Le premier vint, et dit : Seigneur, ta mine a rapporté dix mines.
Il lui dit : C'est bien, bon serviteur ; parce que tu as été fidèle en peu de chose, reçois le gouvernement de dix villes.
Le second vint, et dit : Seigneur, ta mine a produit cinq mines.
Il lui dit : Toi aussi, sois établi sur cinq villes.
Un autre vint, et dit : Seigneur, voici ta mine, que j'ai gardée dans un linge ;
Car j'avais peur de toi, parce que tu es un homme sévère ; tu prends ce que tu n'as pas déposé, et tu moissonnes ce que tu n'as pas semé.
Il lui dit : Je te juge sur tes paroles, méchant serviteur ; tu savais que je suis un homme sévère, prenant ce que je n'ai pas déposé, et moissonnant ce que je n'ai pas semé ;
Pourquoi donc n'as-tu pas mis mon argent dans une banque, afin qu'à mon retour je le retirasse avec un intérêt ? »
(Luc 19 : 12-26)

« Ceux qui auront été intelligents brilleront comme la splendeur du ciel, et ceux qui auront enseigné la justice, à la multitude brilleront comme les étoiles, à toujours et à perpétuité. » ***(Dan 12:3)***

Les récompenses de martyr

Ceux qui souffrent ou qui meurent pour le royaume de Dieu bénéficieront d'importantes récompenses. Ils recevront des biens, de l'autorité et des responsabilités les plus recherchés.

« Heureux ceux qui sont persécutés pour la justice, car le royaume des cieux est à eux ! Heureux serez-vous, lorsqu'on vous outragera, qu'on vous persécutera et qu'on dira faussement de vous toute sorte de mal, à cause de moi. Réjouissez-vous et soyez dans l'allégresse, parce que votre récompense sera grande dans les cieux ; car c'est ainsi qu'on a persécuté les prophètes qui ont été avant vous. » ***(Mat. 5 : 10-12)***

« C'est pourquoi nous ne perdons pas courage. Et lors même que notre homme extérieur se détruit, notre homme intérieur se renouvelle de jour en jour. Car nos légères afflictions du moment présent produisent pour nous, au-delà de toute mesure, un poids éternel de gloire, parce que nous regardons, non point aux choses visibles, mais à celles qui sont invisibles ; car les choses visibles sont passagères, et les invisibles sont éternelles. »
(2Cor. 4 : 16-18)

« ... d'autres furent livrés aux tourments, et n'acceptèrent point de délivrance, afin d'obtenir une meilleure résurrection ; d'autres subirent les moqueries et le fouet, les chaînes et la prison ; ils furent lapidés, sciés, torturés, ils moururent tués par l'épée, ils allèrent çà et là vêtus de peaux de brebis et de peaux de chèvres, dénués de tout, persécutés, maltraités, eux dont le monde n'était pas digne, errants dans les déserts et les montagnes, dans les cavernes et les antres de la terre. Tous ceux-là, à la foi desquels il a été rendu témoignage, n'ont pas obtenu ce qui leur était promis, Dieu ayant en vue quelque chose de meilleur pour nous, afin qu'ils ne parvinssent pas sans nous à la perfection. »
(Héb. 11 : 35-40)

Avez-vous remarqué que des hommes de Dieu de renommée ont refusé la délivrance et ont préféré mourir martyrs ? S'ils ont fait ce choix, c'est bien parce qu'ils savaient que cela leur procurerait une gloire immense à la résurrection.

Un autre saint, dont l'histoire nous parvint, suivit ces exemples. Il vécut juste après l'époque des apôtres. Il s'agit d'Ignace d'Antioche. Pendant qu'il était en route pour Rome pour être tué par les bêtes sauvages, étant sous les fers, il écrivit aux chrétiens romains de ne pas intervenir en sa faveur.[22]

Comment transférer nos richesses terrestres dans le royaume des cieux

On a toujours dit que les biens d'ici-bas ne sauraient nous accompagner outre-tombe. Ce qui met les grands matérialistes dans une profonde déprime. L'idée de devoir quitter cette terre avec toute la fortune amassée à la suite de durs labeurs leur est insupportable. Et pourtant, de même qu'il est possible sur terre de faire des transferts de compte, de banque en banque, d'un pays à un autre pays, de même il est possible de transférer notre fortune de l'autre côté. A la seule différence qu'ici nous payons les frais de transaction, mais pour le transfert vers le ciel, nos biens sont multipliés plus de cent fois.

« Ne vous amassez pas des trésors sur la terre, où la teigne et la rouille détruisent, et où les voleurs percent et dérobent ;
Mais amassez-vous des trésors dans le ciel, où la teigne et la rouille ne détruisent point, et où les voleurs ne percent ni ne dérobent.
Car là où est ton trésor, là aussi sera ton cœur. »
(Mat. 6 : 19-21)

« Vendez ce que vous possédez, et donnez-le en aumônes. Faites-vous des bourses qui ne s'usent point, un trésor inépuisable dans les cieux, où le voleur n'approche point, et où la teigne ne détruit point.
Car là où est votre trésor, là aussi sera votre cœur. »
(Luc 12 : 33-34)

Le secret est lâché... en Luc 12 : 33. Si donc nous voulons transférer notre compte en banque au ciel, il nous suffit de retirer l'argent et de le distribuer à ceux qui sont dans le besoin.

Remarquez le mot aumône. Il s'agit de dons faits aux pauvres, d'une manière générale aux nécessiteux. Cette précision est importante pour que personne ne soit la proie de quelque soi-disant homme de Dieu avide d'argent.

Inversement, toutes les fois qu'un don est remboursé, il perd sa récompense[23]. C'est pourquoi il est mieux de demeurer, si possible, dans l'anonymat[24] dans tous nos actes de libéralité.

*« Il dit aussi à celui qui l'avait invité : Lorsque tu donnes à dîner ou à souper, n'invite pas tes amis, ni tes frères, ni tes parents, ni des voisins riches, **de peur qu'ils ne t'invitent à leur tour et qu'on ne te rende la pareille.** Mais, lorsque tu donnes un festin, invite des pauvres, des estropiés, des boiteux, des aveugles. Et tu seras heureux de ce qu'ils ne peuvent pas te rendre la pareille ; **car elle te sera rendue à la résurrection des justes.** » **(Luc 14 : 12-14)***

---

[22] Il est édifiant de lire cette lettre pleine d'enseignements et d'encouragements en annexe de cet ouvrage.

[23] ***Luc 14 : 12 - 14*** *Il dit aussi à celui qui l'avait invité : Lorsque tu donnes à dîner ou à souper, n'invite pas tes amis, ni tes frères, ni tes parents, ni des voisins riches, de peur qu'ils ne t'invitent à leur tour et qu'on ne te rende la pareille. Mais, lorsque tu donnes un festin, invite des pauvres, des estropiés, des boiteux, des aveugles. Et tu seras heureux de ce qu'ils ne peuvent pas te rendre la pareille ; car elle te sera rendue à la résurrection des justes.*

[24] ***Mat 6 : 3-4*** *Mais quand tu fais l'aumône, que ta main gauche ne sache pas ce que fait ta droite, afin que ton aumône se fasse en secret ; et ton Père, qui voit dans le secret, te le rendra.*

Ce verset devrait nous jeter le froid dans le dos. Pensons simplement à tous ceux à qui on a fait du bien et qui ont été reconnaissants en nous accordant en retour des faveurs ou un acte de générosité. Tous ces actes ne seront pas comptabilisés pour qu'on en reçoive un jour une récompense dans le royaume de Dieu.

En matière de transfert de fonds vers le siècle à venir, les riches ne sont pas plus avantagés que les pauvres. Tout dépend de combien ce que nous donnons nous est vital :

« Jésus, s'étant assis vis-à-vis du tronc, regardait comment la foule y mettait de l'argent. Plusieurs riches mettaient beaucoup.
Il vint aussi une pauvre veuve, elle y mit deux petites pièces, faisant un quart de sou.
Alors Jésus, ayant appelé ses disciples, leur dit : Je vous le dis en vérité, cette pauvre veuve a donné plus qu'aucun de ceux qui ont mis dans le tronc ;
car tous ont mis de leur superflu, mais elle a mis de son nécessaire, tout ce qu'elle possédait, tout ce qu'elle avait pour vivre. »
(Mar. 12 : 41-44)

Le jeune homme riche

Il est surprenant de voir comment nous les humains pensons être plus sages que Dieu. Nous trouvons le plus souvent que ses recommandations sont inappropriées, qu'elles ne prennent pas en compte des préoccupations que nous jugeons primordiales. Nous sommes convaincus qu'en les suivant, nous aboutirons sûrement à une catastrophe. Dans l'exemple qui va suivre, Jésus voulait trouver la meilleure situation pour un jeune homme qu'il aimait beaucoup. Il savait que les efforts qu'il faisait pour suivre le Dieu ne suffisaient pas à lui procurer une position de choix dans le siècle à venir. Et comme il l'aimait, il voulait l'aider à avoir d'immenses biens ou probablement même à se créer une situation sociale des plus enviables. Le Christ voulait-il qu'il soit assez haut placé dans la hiérarchie pour être l'un de ses proches ? Ce qu'on sait, c'est qu'il voulait qu'il abandonne tout pour le suivre, alors qu'il a renvoyé d'autres personnes. Mais cet homme avait encore les yeux rivés sur les choses terrestres.

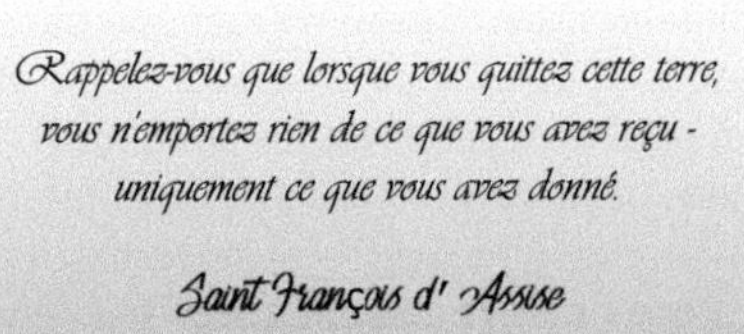

« Comme Jésus se mettait en chemin, un homme accourut, et se jetant à genoux devant lui : Bon maître, lui demanda-t-il, que dois-je faire pour hériter la vie éternelle?
Jésus lui dit : Pourquoi m'appelles-tu bon ? Il n'y a de bon que Dieu seul.
Tu connais les commandements : Tu ne commettras point d'adultère ; tu ne tueras point ; tu ne déroberas point ; tu ne diras point de faux témoignage ; tu ne feras tort à personne ; honore ton père et ta mère.
Il lui répondit : Maître, j'ai observé toutes ces choses dès ma jeunesse.
Jésus, l'ayant regardé, l'aima, et lui dit : Il te manque une chose ; va, vends tout ce que tu as, donne-le aux pauvres, et tu auras un trésor dans le ciel. Puis viens, et suis-moi.
Mais, affligé de cette parole, cet homme s'en alla tout triste ; car il avait de grands biens. »
(Mar. 10 : 17-22)

Conclusion

Si Jésus nous a recommandé de chercher le royaume avec violence, c'est que les raisons sont, on ne peut plus, impérieuses. Nous aurions tort de considérer cet avertissement comme subsidiaire ou facultatif. La vraie vie se déroulera au royaume des cieux. Ceux donc qui n'y auront pas une bonne position auront vraiment raté "leur vie". On peut rater sa vie ici-bas ; ça peut se concevoir et se tolérer. Mais c'est une profonde déception que de rater la vie future. C'est pour cela que si nous pouvons vendre tout ce que nous avons pour avoir de meilleurs biens plus tard, n'hésitons pas à le faire. S'il est des sacrifices que nous jugeons utiles pour être haut placés dans la future vie, n'hésitons pas à les faire. Car nous risquerions de voir notre serviteur nous donner des ordres. Nous risquerions de voir ceux qui dormaient dans des taudis hériter d'immenses domaines alors que nous n'aurions même pas un toit, nous qui vivons aujourd'hui dans le plus grand confort.

> *« ... d'autres furent livrés aux tourments, et n'acceptèrent point de délivrance, afin d'obtenir une meilleure résurrection ... »* ***(Héb. 11)***

> *« Si ta main ou ton pied est pour toi une occasion de chute, coupe-les et jette-les loin de toi ; mieux vaut pour toi entrer dans la vie boiteux ou manchot, que d'avoir deux pieds ou deux mains et d'être jeté dans le feu éternel ».* ***(Mat. 18:8)***

> *« Ne vous amassez pas des trésors sur la terre, où la teigne et la rouille détruisent, et où les voleurs percent et dérobent ;*
> *Mais amassez-vous des trésors dans le ciel, où la teigne et la rouille ne détruisent point, et où les voleurs ne percent ni ne dérobent.*
> *Car là où est ton trésor, là aussi sera ton cœur. »* ***(Mat. 6:19-20)***

Perspectives

Nous vivrons sur la nouvelle terre, avec au-dessus de nous un ciel plein de galaxies, de nébuleuses, de systèmes stellaires et de planètes lointaines. Ce tableau ne manque pas de susciter de grandes interrogations. Etant donné que tout ce que Dieu a créé a au moins une utilité, nous pouvons légitimement nous demander à quoi vont servir toutes ces choses. La curiosité et le sens d'exploration que Dieu a mis en nous ne peuvent nous laisser indifférents quand nous penserons à ces planètes inhabitées qui n'attendent qu'à être découvertes. Il est impossible d'admettre que les hommes se contenteront de vivre sagement sur une seule planète éternellement alors que des milliards d'autres demeureront inhabitées.

Maintenant, si nous admettons que les hommes entreprendront des opérations de colonisation, nous devrons faire face à une autre interrogation beaucoup plus importante : celle de l'immuabilité de la démographie. Tout est une question de nombre. Statistiquement parlant, les planètes habitables sont d'un nombre impressionnant si l'on considère tout l'univers. De plus si l'on prend en compte le fait que l'éternité est un temps sans fin, on conclura aisément que toutes ces planètes les unes après les autres vont être découvertes et "colonisées". Mais si la population de la nouvelle terre n'évolue pas, nous pouvons déduire aisément que la colonisation ne se justifie pas, et que par conséquent l'immensité de l'univers se présenterait comme un horrible gaspillage, du point de vue "espace habitable". On en arrive donc à se demander si l'Eternel, qui a tracé la voie aux hommes, n'a rien prévu pour la croissance de cette population. Toutes les supputations deviennent possibles sauf la possibilité de mariage qui est écarté déjà par Jésus[25]. Toutes ces choses sont des voies de réflexions qui ne sont guère vitales contrairement au le salut et au royaume de Dieu, et

[25] ***Mar. 12: 25*** *Car, à la résurrection des morts, les hommes ne prendront point de femmes, ni les femmes de maris, mais ils seront comme les anges dans les cieux.*

devraient se contenter de rester dans le domaine des fantasmes et ne jamais pousser à des courants de doctrine.

VII

Les signes du Retour imminent

« Instruisez-vous par une comparaison tirée du figuier. Dès que ses branches deviennent tendres, et que les feuilles poussent, vous connaissez que l'été est proche. De même, quand vous verrez toutes ces choses, sachez que le Fils de l'homme est proche, à la porte. »

Mat 24 : 32 - 33

Jésus nous fait savoir que si nous savons observer les évènements, nous pourrons pressentir l'approche de son retour, même si nous ne pouvons pas en savoir ni le jour et ni l'heure exacts. Il soumet donc à notre perspicacité le discernement de l'époque de son avènement.

Paul, de son côté, va jusqu'à dire qu'en tant que fils de Dieu, nous ne devons pas être surpris par le retour du Seigneur.

> *« Mais vous, frères, vous n'êtes pas dans les ténèbres, pour que ce jour vous surprenne comme un voleur ; Ne dormons donc point comme les autres, mais veillons et soyons sobres.»* ***(1Th. 5 : 4)***

Pour cela, il nous exhorte à être vigilants. Et c'est justement cette vigilance qui ne fait pas l'unanimité au sein des chrétiens. Certains estiment que vivre une vie d'obéissance à Dieu est largement suffisant et qu'on n'a plus besoin de s'encombrer de quoi que ce soit d'autre. Pour eux, chercher les signes des temps est pure perte de temps et même risque d'égarement. Ils n'osent donc pas s'y aventurer. Et non seulement ils fuient ce genre de débats, mais ils les déconseillent.

C'est vraiment dommage qu'il y ait une telle attitude, car le Christ lui-même nous a instruits sur les signes de la fin, parce que les apôtres s'y sont intéressés et l'ont interrogé à ce sujet. Il a pris le temps de donner des détails et des indices. Le fait qu'il ait répondu avec tant de sollicitude, nous laisse deviner qu'il juge utile que nous ayons ce savoir. Ainsi, en plus d'attendre le Seigneur dans la sanctification, nous devons aussi lever la tête et chercher à déchiffrer les évènements.

Les signes selon Mathieu 24

Alors que Jésus sortait un jour du temple, ses disciples l'interrogèrent sur les signes de sa seconde venue. Sa réponse donna les indices suivants :

Les signes mineurs :

- de faux christs
- les guerres
- les famines
- les tremblements de terre

Les signes majeurs

- la persécution des chrétiens à l'échelle planétaire
- les faux prophètes

Les signes ultimes

- l'expansion de l'évangile aux quatre coins de la terre
- l'abomination de la désolation
- les cataclysmes cosmiques

Les signes mineurs se sont tous accomplis. Partout dans le monde on assiste depuis longtemps aux guerres, aux famines et aux tremblements de terre. On connait aussi les faux christs dont le plus renommé est sans aucun doute Moon qui a créé la religion moon avec de

nombreux adeptes partout dans le monde. Il estime que le Christ a échoué car il a été tué avant qu'il ait eu le temps d'achever son plan. Etant venu une première fois, il n'a pas pu hisser ses disciples aux commandes du monde. Lui Moon serait venu pour combler cette lacune.
Jésus nous a fait savoir que les signes mineurs ne sont que le commencement. Ils n'indiquent pas la fin. *« ... Mais ce ne sera pas encore la fin. »* ***(Mat. 24:6)***.

Les signes majeurs précèdent de très peu la fin. L'antéchrist lancera une persécution ouverte contre toutes les religions, mais particulièrement les chrétiens. Ce sera une période de grande détresse où certains chrétiens renieront la foi et iront jusqu'à dénoncer leurs frères. Pendant ce temps des prophètes d'un autre ordre se lèveront. Ils feront des miracles très séduisants pour détourner le monde du Dieu vivant, car ils ne parleront pas de la part de l'Eternel mais plutôt d'esprits démoniaques. Par leurs œuvres, ils conduiront le monde vers l'adoration de Satan.

Les signes ultimes

Les signes ultimes sont les derniers parmi les majeurs. Il arrivera un temps où l'évangile pur sera connu de toute la terre. Les pays totalitaires dans lesquels des milliards de personnes n'ont encore jamais entendu prêcher l'évangile seront inondés par la parole de Dieu. Internet y jouera peut-être un rôle déterminant. Vue sous un autre angle, on pourra dire que cette prophétie s'est accomplie, car tous les pays du monde ont été, d'une manière ou d'une autre, touchés par l'évangile. Mais la réalité, c'est que sur le terrain, il n'existe encore aucune tolérance religieuse, alors qu'officiellement ces pays parlent d'ouverture religieuse. On assiste à des assassinats de chrétiens, à l'accaparement de leurs biens etc. Mais le jour vient où tous ces blocages seront levés ou contournés pour que la majorité des hommes reçoivent l'évangile.

L'abomination de la désolation

L'abomination de la désolation marquera l'époque où le satanisme sera institué comme la seule religion mondiale, où l'antéchrist exigera l'adoration du monde entier, par une usurpation d'identité. Déjà des cercles mystiques laissent courir le bruit que Lucifer serait le dieu des juifs. Il semble que cette pensée ira en s'amplifiant jusqu'à être institutionnalisée par la nation d'Israël. Alors, investi des pouvoirs conférés par Satan, l'antéchrist ira s'assoir dans le temple pour se faire adorer. Surveillons donc de très près la montée en puissance des cercles ésotériques, les sociétés secrètes d'une manière générale : rose-croix, franc-maçonnerie, eckankar etc. Et considérons comment la magie bénéficie d'une grande campagne de promotion à l'échelle planétaire. Dans presque tous les films, la magie est présentée comme la solution inévitable des problèmes, et tous ceux qui s'y opposent sont couverts de ridicule et dépeints comme des tarés. Les films d'enfants en sont inondés. Ces choses ont pour but de préparer l'esprit des hommes à accepter Satan dans leur vie quotidienne, et à se tourner vers lui pour l'invoquer.

L'inflation de l'iniquité

Le péché et la révolte contre le Créateur se développeront de manière effrontée. La civilisation occidentale est la seule dans toute l'immense histoire de l'humanité à avoir renié Dieu. Il est systématiquement ignoré dans toutes les hypothèses des problématiques anthropologiques et cosmogoniques. Ses lois religieuses et morales sont foulées au pied tandis qu'on assiste à une montée en puissance du péché. Les lois sociétales sont modifiées. On y introduit des articles odieux, comme des textes qui favorisent l'avortement, l'homosexualité ou même des choses pires comme la légalisation des bordels d'animaux. Les vices sont aujourd'hui à leur plus haut sommet, peut-être même au-delà de Sodome et Gomorrhe.

> *«Toutes les espèces d'animaux sont violés, du hamster jusqu'aux serpents en passant par les chevaux et les chiens», dénonce Claudia Lotz, responsable de l'antenne berlinoise de la Fédération contre le viol des animaux (BMT) ».*[26]

> *« Ils sont fous ces Danois. Du fait d'un manque béant de législation sur l'interdiction des rapports sexuels entre animaux et êtres humains, la folie a atteint un tel point qu'il est non seulement possible de "ken" son chien (lol) mais également de PAYER des établissements privés afin d'avoir des relations sexuelles non consenties avec des animaux. Soit des chiens, des chats, voire des moutons, allez savoir. »*[27]

Ces faits nous indiquent que l'iniquité a atteint des niveaux jamais atteints. Billy Graham a dit : « si Dieu ne détruit pas cette génération, il devra s'excuser devant Sodome et Gomorrhe ».

Les cataclysmes cosmiques

Les cataclysmes cosmiques seront les derniers parmi les signes. On parle déjà du réchauffement de la planète, de la destruction de la couche d'ozone qui laissera filtrer des rayons et des particules mortels en provenance du soleil et de l'espace. Ceci est aggravé par l'inquiétant affaiblissement du champ magnétique terrestre qui rejette avec moins de force ces menaces venues de l'espace.

Mais on verra de plus en plus de choses bien plus graves comme l'intrusion dans notre atmosphère d'astéroïdes ou de comètes. Les scientifiques ont dénombré environ 4 000 astéroïdes potentiellement dangereux d'une taille de plus de 150 mètres et susceptibles de passer à moins de 20 fois la distance Terre-Lune. Le danger pourrait venir de l'un d'eux. Les fragments de ces astéroïdes, entrant par milliers dans l'atmosphère, feraient l'effet d'étoiles filantes :

> *« ... les étoiles tomberont du ciel, et les puissances des cieux seront ébranlées. »* ***(Mat. 24:29)***

Et comme il fallait s'y attendre, il y a eu quelques frayeurs ces dernières années :

Le 15 février 2013, un astéroïde de 18 mètres de diamètre, avec 7 000 à 10 000 tonnes a pénétré l'espace aérien de la Russie à Tcheliabinsk, en se désintégrant dans l'atmosphère à environ 20 Kilomètres d'altitude, faisant plus de 1500 blessés. Cette explosion a libéré une énergie estimée à 440 kilotonnes de TNT, soit 30 fois supérieure à la bombe libérée

[26] Site internet « Le matin »

[27] Site internet « YZ Génération »

sur Hiroshima.

Mais il y a eu plus destructeur :

PEOPLE FLEE

At the time of the fall in 1908, the luminous silvery vapour, formed at the height of some fifty miles as the meteorite struck the earth's atmosphere, illuminated a great part of Russia. The glow was visible at almost any point in Siberia, and was even seen as far away as the Caucasus.

Many Russians, believing this to be a sign of the approaching end of the world, left their homes and belongings, and wandered off to holy shrines and monasteries. Many prayed and fasted in preparation

Coupure de journaux "the Observer, le 18 Septembre 1938"

Toujours en Russie, un astéroïde a explosé, ravageant de vastes étendues de forêts. La déflagration a été d'une rare violence. Fort heureusement qu'elle s'est produite loin des habitations.

L'événement de la Toungouska est une explosion survenue le 30 juin 1908 vers 7 h 13 en Sibérie centrale, dans l'empire russe. L'onde de choc, équivalent à plusieurs centaines de fois celle qu'aura générée la bombe d'Hiroshima 37 ans plus tard, a détruit la forêt sur un rayon de 20 kilomètres et fait des dégâts jusqu'à une centaine de kilomètres.[28]

Mais ces choses sont minimes devant ce qui a été décrit dans l'apocalypse. Ce livre prophétique nous annonce qu'un astéroïde de très grosse taille percutera la terre et y introduira des substances nocives.

*« Le second ange sonna de la trompette. Et quelque chose comme **une grande montagne embrasée par le feu** fut jeté dans la mer ; et le tiers de la mer devint du sang »* ***(Apo 8:8)***

Ce grand astéroïde va vraisemblablement provoquer une période de glaciation. Car l'impact pourrait soulever des débris et des poussières qui chargeraient l'atmosphère et la rendraient opaque. L'apocalypse nous annonce qu'il y aura un froid d'une rare intensité :

« Et une grosse grêle, dont les grêlons pesaient un talent, tomba du ciel sur les hommes ; et les hommes blasphémèrent Dieu, à cause du fléau de la grêle, parce que ce fléau était très grand. » ***(Apo 16:21)***

Selon ce passage, cette grêle surviendra après un très grand et dévastateur tremblement terrestre, dû selon toute probabilité à la chute de ce monstrueux astéroïde.
Le livre de Mathieu nous dit ceci :

*« Aussitôt après ces jours de détresse, **le soleil s'obscurcira, la lune ne donnera plus sa lumière,** les étoiles tomberont du ciel, et les puissances des cieux seront ébranlées. »* ***(Mat. 24:29)***

Les étoiles qui tomberont du ciel dépeignent la chute de cet astéroïde et de ses fragments sur la terre. En effet, les corps célestes qui entrent dans l'atmosphère terrestre s'échauffent, à cause du frottement de l'air, jusqu'à s'illuminer comme des étoiles. L'obscurcissement du soleil et des étoiles est dû à la grande quantité de poussières que soulèvera l'impact de ce grand corps céleste avec la terre.

[28] Wikipédia

Et voici comment le prophète Zacharie décrit l'époque du retour de Jésus :

« En ce jour-là, il n'y aura point de lumière ; Il y aura du froid et de la glace. » **(Zac. 14:6)**

La NASA, de son côté, donne des informations alarmistes à plus ou moins brève échéance :

La NASA avertit qu'à partir de 2017 la vie sur Terre sera menacée par des centaines d'astéroïdes tueurs.
Selon la NASA, une ceinture d'astéroïdes jusqu'alors inconnue vient d'être localisée dans les profondeurs de l'espace et se déplace vers notre région du système solaire.
Cela signifie qu'un astéroïde tueur pourrait entrer en collision avec la Terre à partir de 2020, anéantissant la vie telle que nous la connaissons et ***modifier le climat pour des millénaires****.*
Se basant sur de nouvelles données d'observations, la NASA a dévoilé des données inquiétantes démontrant que 400 impacts d'astéroïdes sont attendus entre 2017 et 2113[29]*,*
La plupart d'entre eux ont un diamètre maximum d'environ 100 mètres avec le potentiel de causer d'importants dommages. Mais les scientifiques ont mis en garde contre un colosse monstrueux qui va menacer la Terre dans à peine six ans.[30]

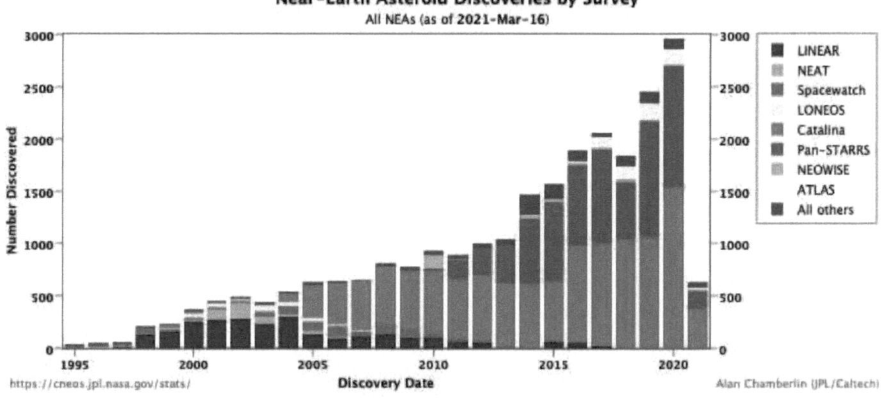

Le professeur Brian Cox a déclaré qu'un astéroïde avec notre nom marqué dessus se dirige vers nous et que ce n'est qu'une question de temps avant qu'il élimine la race humaine.
Le Professeur Bill Napier, expert en astronomie à l'Université de Buckingham, a déclaré qu'une pluie d'astéroïdes ou de débris de comète pourrait avoir des conséquences dévastatrices. Il a dit : "Si cela arrivait, selon l'endroit qui serait frappé, les conditions de vie pourraient être complètement altérées.
"La chimie atmosphérique serait bouleversée en cachant la lumière du soleil*[31]*. Ce serait comme un hiver nucléaire qui pourrait durer des dizaines de milliers d'années."
Il a ajouté : "Il y a des comètes qui font entre 200 et 300km de diamètre, ce sont des monstres qui pourraient stériliser toute vie sur Terre en cas de collision."
"Le risque le plus immédiat vient d'astéroïdes d'une taille inférieure à 1 km, il y en a des dizaines de milliers qui sont tout à fait capables de causer des dommages à l'échelle régionale".
Les experts ont averti qu'un objet beaucoup plus grand pourrait frapper la Terre en 2020.[32]

---

[29] Il y aura des signes dans le soleil, dans la lune et dans les étoiles. Et sur la terre, il y aura de l'angoisse chez les nations qui ne sauront que faire, au bruit de la mer et des flots,
les hommes rendant l'âme de terreur dans l'attente de ce qui surviendra pour la terre ; car les puissances des cieux seront ébranlées. **(Luc 21:25-26)**
[30] Soit en 2020
[31] Voir Mathieu 24 : 29

La bible dit les mêmes choses mais en des termes différents :

> *« ... Car les écluses d'en haut s'ouvrent, Et les fondements de la terre sont ébranlés.*
> ***La terre est déchirée, La terre se brise, La terre chancelle. La terre chancelle comme un homme ivre,*** *Elle vacille comme une cabane ; Son péché pèse sur elle, Elle tombe, et ne se relève plus.*
> *En ce temps-là, l'Éternel châtiera dans le ciel l'armée d'en haut, Et sur la terre les rois de la terre. Ils seront assemblés captifs dans une prison, Ils seront enfermés dans des cachots, Et, après un grand nombre de jours, ils seront châtiés.*
> ***La lune sera couverte de honte, Et le soleil de confusion[33] ;*** *Car l'Éternel des armées régnera Sur la montagne de Sion et à Jérusalem, Resplendissant de gloire en présence de ses anciens. »* ***(Esa 24:18-23)***

Tous ces faits terrifiants nous indiquent que les prophéties apocalyptiques annoncées par la bible sont sur le point de se réaliser et que le Christ est à la porte. Le royaume de Dieu va bientôt être révélé au monde entier. Les fils de Dieu vont être manifestés et glorifiés. Les méchants ne prospéreront plus et connaitront tous les revers possibles, tandis que les justes resplendiront et auront succès sur succès. La grande machine diabolique qui domine le monde actuellement s'effondrera et le monde entier connaîtra une liberté et une prospérité sans précédent. Ce sera l'âge d'or.

---

[32] Site Wikistrike

[33] Voir Mathieu 24 : 29

VIII

Conclusion

Dès les premières heures de sa prise de fonction, tout travailleur consciencieux prépare sa retraite. Il sait qu'au bout d'un certain temps, il sera impitoyablement expulsé de l'effectif de son entreprise, et qu'après, ses revenus seront considérablement réduits ; s'il n'y prend garde, il sera dans un dénuement tel, que même les frais médicaux seront très difficiles à gérer. Tout le monde le sait et pourtant deux personnes parties sur un même pied d'égalité peuvent avoir des fins complètement différentes. L'une peut jouir d'une retraite dorée tandis que l'autre peut broyer du noir.

La situation est exactement la même dans le milieu chrétien. Tous ceux qui ont accepté Jésus savent qu'ils iront au ciel. Mais malheureusement pour la grande majorité d'entre eux, arriver au ciel est tout leur objectif, ils ne mènent aucune action pour obtenir de très grandes récompenses. Pourtant ils s'attendent à recevoir de grands biens, de grands honneurs, des couronnes etc. La désillusion sera donc grande.

On doit retenir qu'il faut forcer l'entrée du ciel en étant prêt à s'arracher le bras ou l'œil droits, s'il le faut ; en étant rusé comme celui qui a découvert le trésor caché dans le champ ; en étant tenace et fidèle comme Job et en étant zélé comme Paul l'apôtre.

Mais une nouvelle vision du royaume de Dieu pourrait avoir un impact sur la méthode cultuelle, tant sur la liturgie que sur les stratégies de croissance ; surtout pour ceux qui ne veulent s'en tenir qu'à l'essentiel en imitant le plus fidèlement possible le Christ et les apôtres. Parler beaucoup plus du royaume de Dieu, l'expliquer aux nouveaux venus, encourager les fidèles à en faire l'objet de leurs recherches devraient être des nouvelles orientations.

IX

ANNEXES

La lettre d'Ignace d'Antioche est d'une importance capitale, tant elle est d'une grande profondeur spirituelle. En effet, elle met en lumière le détachement de ce chrétien mystique ainsi que sa profonde aspiration aux choses célestes. N'est-ce pas là le secret de son aura ? La déroute de la chrétienté d'aujourd'hui n'est-elle pas due au fait que ces valeurs sont perdues, voire oubliées ? Aussi, tout chrétien désireux de se recentrer sur l'essentiel et d'aller en profondeur avec Dieu pourra y trouver une source d'inspiration tout-à-fait providentielle.

Il a écrit cette lettre vers l'an 107, pendant qu'il était aux mains de ses geôliers, en route vers Rome pour y subir le martyr. Il supplie ses frères chrétiens de cesser d'intervenir en sa faveur auprès de l'empereur. Car il préfère de très loin le supplice, mort atroce, à une fin ordinaire, mort douce dans la quiétude de sa chambre à coucher.

LETTRE D'IGNACE D'ANTIOCHE AUX ROMAINS

S Botticelli, St Ignace d'Antioche Yorck Project

Ignace, dit aussi Théophore, à l'Église qui a reçu miséricorde par la magnificence du Père très haut et de Jésus-Christ son Fils unique, l'Église bien-aimée et illuminée par la volonté de celui qui a voulu tout ce qui existe, selon la foi et l'amour pour Jésus-Christ notre Dieu ; l'Église qui préside dans la région des Romains, digne de Dieu, digne d'honneur, digne d'être appelée bienheureuse, digne de louange, digne de succès, digne de pureté, qui préside à la charité, qui porte la loi du Christ, qui porte le nom du Père ; je la salue au nom de Jésus-Christ, le fils du Père ; aux frères qui, de chair et d'esprit, sont unis à tous ses commandements, remplis inébranlablement de la grâce de Dieu, purifiés de toute coloration étrangère, je leur souhaite en Jésus-Christ notre Dieu toute joie irréprochable.

I, 1. Par mes prières j'ai obtenu de Dieu de voir vos saints visages, car j'avais demandé avec insistance de recevoir cette faveur ; car, enchaîné dans le Christ Jésus, j'espère vous saluer, si du moins c'est la volonté de Dieu que je sois trouvé digne d'aller jusqu'au terme. 2. Car le commencement est facile ; si du moins j'obtiens la grâce de recevoir sans empêchement la part qui m'est réservée. Mais je crains que votre charité ne me fasse tort. Car à vous il est facile de faire ce que vous voulez, mais à moi il est difficile d'atteindre Dieu, si vous ne m'épargnez pas.

II, 1. Car je ne veux pas que vous plaisiez aux hommes, mais que vous plaisiez à Dieu, comme, en fait, vous lui plaisez. Pour moi, jamais je n'aurai une telle occasion d'atteindre

Dieu, et vous, si vous gardez le silence, vous ne pouvez souscrire à une œuvre meilleure. Si vous gardez le silence à mon sujet, je serai à Dieu ; mais si vous aimez ma chair, il me faudra de nouveau courir. 2. Ne me procurez rien de plus que d'être offert en libation à Dieu (cf. Ph 2, 17 ; 2 Tm 4, 6), tandis que l'autel est encore prêt, afin que, réunis en chœur dans la charité, vous chantiez au Père dans le Christ Jésus, parce que Dieu a daigné faire que l'évêque de Syrie fût trouvé en lui, l'ayant fait venir du levant au couchant. Il est bon de se coucher loin du monde vers Dieu, pour se lever en lui.

III, 1. Jamais vous n'avez jalousé personne, vous avez enseigné les autres. Je veux, moi, que ce que vous commandez aux autres par vos leçons garde sa force. 2. Ne demandez pour moi que la force intérieure et extérieure, pour que non seulement je parle, mais que je veuille, pour que non seulement on me dise chrétien, mais que je le sois trouvé de fait. Si je le suis de fait, je pourrai me dire tel, et être un vrai croyant, quand je ne serai plus visible au monde. 3. Rien de ce qui est visible n'est bon. Car notre Dieu, Jésus-Christ, étant en son Père, se fait voir davantage. Car ce n'est pas une œuvre de persuasion que le christianisme, mais une œuvre de puissance, quand il est haï par le monde.

IV, 1. Moi, j'écris à toutes les Églises, et je mande à tous que moi c'est de bon cœur que je vais mourir pour Dieu, si du moins vous vous ne m'en empêchez pas. Je vous en supplie, n'ayez pas pour moi une bienveillance inopportune. Laissez-moi être la pâture des bêtes, par lesquelles il me sera possible de trouver Dieu. Je suis le froment de Dieu, et je suis moulu par la dent des bêtes, pour être trouvé un pur pain du Christ. 2. Flattez plutôt les bêtes, pour qu'elles soient mon tombeau, et qu'elles ne laissent rien de mon corps, pour que, dans mon dernier sommeil, je ne sois à charge à personne. C'est alors que je serai vraiment disciple de Jésus-Christ, quand le monde ne verra même plus mon corps. Implorez le Christ pour moi, pour que, par l'instrument des bêtes, je sois une victime offerte à Dieu. Je ne vous donne pas des ordres comme Pierre et Paul : eux, ils étaient libres, et moi jusqu'à présent un esclave (cf. 1 Co 9, 1). Mais si je souffre, je serai un affranchi de Jésus-Christ (1 Co 7, 22) et je renaîtrai en lui, libre. Maintenant enchaîné, j'apprends à ne rien désirer.

V, 1. Depuis la Syrie jusqu'à Rome, je combats contre les bêtes (cf. 1 Co 15, 32), sur terre et sur mer, nuit et jour, enchaîné à dix léopards, c'est-à-dire à un détachement de soldats ; quand on leur fait du bien, ils en deviennent pires. Mais, par leurs mauvais traitements, je deviens davantage un disciple, mais " je n'en suis pas pour autant justifié " (1 Co 4,4). 2. Puissé-je jouir des bêtes qui me sont préparées. Je souhaite qu'elles soient promptes pour moi. Et je les flatterai, pour qu'elles me dévorent promptement, non comme certains dont elles ont eu peur, et qu'elles n'ont pas touchés. Et, si par mauvaise volonté elles refusent, moi, je les forcerai. 3. Pardonnez-moi ; ce qu'il me faut, je le sais, moi. C'est maintenant que je commence à être un disciple. Que rien, des êtres visibles et invisibles, ne m'empêche par jalousie, de trouver le Christ. Feu et croix, troupeaux de bêtes, lacérations, écartèlements, dislocation des os, mutilation des membres, mouture de tout le corps, que les pires fléaux du diable tombent sur moi, pourvu seulement que je trouve Jésus-Christ.

VI, 1. Rien ne me servira des charmes du monde ni des royaumes de ce siècle. Il est bon pour moi de mourir (cf. 1 Co 9, 15) pour m'unir au Christ Jésus, plus que de régner sur les extrémités de la terre. C'est lui que je cherche, qui est mort pour nous ; lui que je veux, qui est ressuscité pour nous. Mon enfantement approche, 2. Pardonnez-moi, frères ; ne m'empêchez pas de vivre, ne veuillez pas que je meure. Celui qui veut être à Dieu, ne le livrez pas au monde, ne le séduisez pas par la matière. Laissez-moi recevoir la pure lumière ; quand je serai arrivé là, je serai un homme. 3. Permettez-moi d'être un imitateur de la passion de mon Dieu. Si quelqu'un a Dieu en lui, qu'il comprenne ce que je veux, et qu'il ait compassion de moi, connaissant ce qui m'étreint (cf. Ph 1, 23).

VII, 1. Le prince de ce monde veut m'arracher, et corrompre les sentiments que j'ai pour Dieu. Que personne donc, parmi vous qui êtes là, ne lui porte secours ; plutôt soyez pour moi, c'est-à-dire pour Dieu. N'allez pas parler de Jésus-Christ, et désirer le monde. 2. Que la jalousie n'habite pas en vous. Et si, quand je serai près de vous, je vous implore, ne me croyez pas. Croyez plutôt à ce que je vous écris. C'est bien vivant que je vous écris, désirant de mourir. Mon désir terrestre a été crucifié, et il n'y a plus en moi de feu pour aimer la matière, mais en moi une " eau vive " (cf. Jn 4, 10 ; 7, 38 ; Ap 14, 25) qui murmure et qui dit au-dedans de moi : " Viens vers le Père " (cf. Jn 14, 12, etc.). 3. Je ne me plais plus à une nourriture de corruption ni aux plaisirs de cette vie ; c'est le pain de Dieu que je veux, qui est la chair de Jésus-Christ, de la race de David (Jn 7, 42 ; Rm 1, 3), et pour boisson je veux son sang, qui est l'amour incorruptible.

VIII, 1. Je ne veux plus vivre selon les hommes. Cela sera, si vous le voulez. Veuillez-le, pour que vous aussi, vous obteniez le bon vouloir de Dieu. 2. Je vous le demande en peu de mots : croyez-moi, Jésus-Christ vous fera voir que je dis vrai, il est la bouche sans mensonge par laquelle le Père a parlé en vérité. 3. Demandez pour moi que je l'obtienne. Ce n'est pas selon la chair que je vous écris, mais selon la pensée de Dieu. Si je souffre, vous m'aurez montré de la bienveillance ; si je suis écarté, de la haine.

IX, 1. Souvenez-vous dans votre prière de l'Église de Syrie, qui, en ma place, a Dieu pour pasteur. Seul Jésus Christ sera son évêque, et votre charité. 2. Pour moi, je rougis d'être compté parmi eux, car je n'en suis pas digne, étant le dernier d'entre eux, et un avorton (cf. 1. Co. 14, 8, 9). Mais j'ai reçu la miséricorde d'être quelqu'un, si j'obtiens Dieu. 3. Mon esprit vous salue, et la charité des Églises qui m'ont reçu, au nom de Jésus-Christ (cf. Mt 18, 40, 41), non comme un simple passant. Et celles-là mêmes qui n'étaient pas sur ma route selon la chair, allaient au-devant de moi de ville en ville.

X, 1. Je vous écris ceci de Smyrne par l'intermédiaire d'Éphésiens dignes d'être appelés bienheureux. Il y a aussi avec moi, en même temps que beaucoup d'autres, Crocus, dont le nom m'est si cher. 2. Quant à ceux qui m'ont précédé de Syrie jusqu'à Rome pour la gloire de Dieu, je crois que vous les connaissez maintenant : faites-leur savoir que je suis proche. Tous sont dignes de Dieu et de vous, et il convient que vous les soulagiez en toutes choses. 3. Je vous écris ceci le neuf d'avant les calendes de septembre. Portez-vous bien jusqu'à la fin dans l'attente de Jésus-Christ. »

Printed by Books on Demand GmbH, Norderstedt / Germany